Mit diesem unentbehrlichen Ratgeber können Katzen ihr individuelles Persönlichkeitsprofil erstellen. Sie erfahren, wie sie Freunde gewinnen und Hundeliebhaber manipulieren, wie sie die Mäuse-Strategie anwenden und wie sie Katastrophenszenarien wie Staubsauger oder eine zweite Katze im Haus überleben.

Dena Harris ist Buchautorin und Redenschreiberin. Sie verfasst regelmäßig Artikel für unterschiedliche Publikationen, hat eine eigene Radio-Sendung und unterrichtet Rhetorik, Networking und Schreiben. Zusammen mit ihrem Mann und zwei Katzen lebt sie in Madison, North Carolina, USA.

www.fischerverlage.de

Dena Harris

Sorge dich nicht, mause!

Lebenshilfe für Katzen

Aus dem Amerikanischen von
Maja Ueberle-Pfaff

Fischer Taschenbuch Verlag

Deutsche Erstausgabe
Veröffentlicht im Fischer Taschenbuch Verlag,
einem Unternehmen der S. Fischer Verlag GmbH,
Frankfurt am Main, August 2012

Die amerikanische Ausgabe erschien 2010 unter dem Titel
›Who Moved My Mouse?‹ bei Ten Speed Press
© 2010 by Dena Harris
Illustrationen © 2010 by Ann Boyajian
This translation published by arrangement with Ten Speed Press,
an imprint of the Crown Publishing Group,
a division of Random House, Inc., New York
Deutsche Ausgabe:
© S. Fischer Verlag GmbH, Frankfurt am Main 2012
Satz: Pinkuin Satz und Datentechnik, Berlin
Druck und Bindung: CPI – Clausen & Bosse, Leck
Printed in Germany
ISBN 978-3-596-19148-2

Für den großen Kerl

Inhalt

Dank   10

1 Katzengespräche mit Gott   13

2 Das Persönlichkeitsprofil   25

3 Wie man Freunde gewinnt und Hundeliebhaber
  manipuliert   47

4 Die Mäuse-Strategie
  Eine geniale Methode, sich an Leuten zu rächen,
  die sich nehmen wollen, was dir gehört   59

5 Kein Stress wegen Kleinkram ... aber dreh durch,
  wenn sich plötzlich etwas bewegt   77

6 Nette Katzen sitzen nicht im Chefsessel   91

7 Die sieben Regeln leistungsstarker Katzen   115

8 Die Tier-Versprechen   125

9 Survival-Handbuch für Katastrophen   135

Bonuskapitel   153

Das Geheimnis des Erfolgs besteht darin, zu wissen, wen man für seine Fehler verantwortlich machen kann.

Unbekannter Autor
(aber wahrscheinlich eine Katze)

Dank

Von Mr. Nom-Noms

Zunächst möchte ich meine eigene Überlegenheit würdigen und Ihnen allen dafür danken, dass Sie dies ebenfalls tun. Damit ist im Grunde alles gesagt, aber der Mensch, der nichts weiter für dieses Buch getan hat, außer zu transkribieren, zu tippen, zu arrangieren und zu redigieren (und ab und zu ein Fischhäppchen hinzulegen, wenn die Inspiration nachließ), möchte auch noch ein paar Worte anfügen. Man kann nicht von mir erwarten, dass ich mir das anhöre. Es langweilt mich. Auf Wiedersehen.

Von dem Menschen

Es ist schwerer, als man glaubt, jemandem in die Augen zu blicken und dabei zu beichten, dass man gerade an einem Selbsthilfebuch für Katzen arbeitet. (Gelegentlich haben die Leute allerdings Mitleid und stecken einem Geld für etwas zu essen zu.) Ein herzlicher Dank geht an die Katzenliebhaber unter meinen Freunden, die nicht nur keine Miene verzogen, wenn ich ihnen von diesem Buch erzählte, sondern mich sogar noch ermutigten und unterstützten. Mitwirkende (nicht in der Reihenfolge ihres Auftretens) waren: Ron Culberson, Trisha Emish, Edmund Schubert, Laine Cunningham, Tom Barker, Rudy Daugherty Clark, Daniel Shirley, Pam Cable und Christopher Laney. Hoch die Pfoten!

Ein herzliches Schnurren für Winifred Golden von der Castiglia Literary Agency für ihren Glauben an dieses Buch und für ihre Bereitschaft, E-Mails zu lesen und zu beantworten, in deren Betreffzeile Sätze wie »Was hältst du von dem Witz mit der Katzenstreu?« standen.

Ein großer Dank geht an Ten Speed Press und meine wunderbare Lektorin Lisa Westmoreland.

Und zum Schluss danke ich ganz besonders Lucy und Olivia, die mich täglich daran erinnern, dass Katzen perfekt sind und keinerlei Hilfe von mir benötigen.

KAPITEL 1

Katzengespräche
mit Gott

Du bist im Begriff, Zeuge einer außergewöhnlichen Unterhaltung zu werden. Einer Unterhaltung, wie du sie nicht für möglich gehalten hättest ...

Was, wenn man dir die Chance gäbe, Gott mal richtig auszuquetschen und ihm all die Sinnfragen zu stellen, die dir schon ewig im Kopf herumgehen: Worin liegt die Daseinsberechtigung von Schaukelstühlen? Wohin verschwindet die Feder am Stiel *wirklich*, wenn sie unter die Couch geschoben wird? Warum wollen Menschen Goldfische partout nicht als Vorspeise akzeptieren?

Und wenn Gott dir nun antworten würde (und es nicht nur der sprechende Baldrianbusch ist)?

Sollte dir die Inspektion der Stuhlunterseiten und das Wegschubsen der Fernbedienung in unbekannte Sphären kein wohlig warmes Gefühl von Zufriedenheit mehr geben, dann ist der Augenblick gekommen, an dem du ein Ziehen im Herzen spürst. Etwas fehlt. Diese Unterhaltung wird die Lücke füllen. Dich heilen. Oder wenigstens vorübergehend ablenken, bis der nächste unbedarfte Piepmatz (sprich: Nachmittagsimbiss) im Garten herumhüpft.

Bist du bereit? Gott will dir etwas sagen.

Lieber Gott, was ist der Sinn und Zweck eines Hundes? Ich habe mir den Kopf zerbrochen und habe herausgefunden ... na, eigentlich nichts. Nada. Nil. No comprendo.

Ich habe eine Welt der Polarität geschaffen. Es gibt kein Oben ohne Unten, kein Schwarz ohne Weiß, keine Miaus ohne Wuffs. Hunde dienen zur Aufrechterhaltung dieser Polarität. Damit man Katzen als elegant, kultiviert und überlegen verehren kann, muss es eine tolpatschige, primitive, minderwertige Spezies geben, die einen relevanten Vergleich erlaubt. Hunde dienen meinem Plan, die Katze als mein gelungenstes Geschöpf zu präsentieren.

Warum gibt es eigentlich einen heiligen Rocco?

Das war ein Versehen meinerseits. Schrecklicher Fehler. Sorgt für große Verwirrung – ich bin noch dabei, ihn zu beheben. Ich bitte um Entschuldigung.

Bekomme ich Pluspunkte im Himmel, wenn ich meinem Menschen kleine Opfertiere auf die Terrasse lege?

Das kann nicht schaden. Es gibt keinen größeren Liebesbeweis als ein unerwartetes Geschenk, besonders wenn es noch zuckt. Sehr lieb von dir, dass du etwas abgibst. Braves Kätzchen!

Warum lässt du so schlimme Sachen zu wie Schaukelstühle, Staubsauger und Partnerlook für Haustiere und »Besitzer«?

Dergleichen dient größtenteils meiner eigenen Erheiterung. Ich muss immer noch über den »Trag-einen-Chihuahua-in-der-Tasche«-Trend schmunzeln, den ich in die Welt gesetzt habe. Ich fasse es nicht, dass Leute darauf hereinfallen konnten.

Ja, aber was ist mit Schaukelstühlen? Die tun echt weh.
Habe ich dir nicht blitzschnelle Reflexe gegeben? Sie sollen die Gefahren kompensieren, die es in der Welt gibt. Fahr die Krallen aus und zeig diesem Schaukelstuhl, wer hier der Boss ist.

Ich versuche, das Nirwana zu erlangen. Sind fünfzig Sitzungen Hinternlecken am Tag ausreichend, um inneren Frieden zu finden?
Nicht ganz. Aber fast. Mach weiter.

Warum versteht niemand meine Vendetta gegen die Bommeln an der Couch? Sie sind böse und müssen eliminiert werden.
Kümmere dich nicht darum, was andere denken. Vertraue darauf, dass du gottgefällige Arbeit tust, wenn du ein beliebiges Objekt angreifst – besonders eins mit Bommeln.

Warum können Katzen im Dunkeln besser sehen als Menschen?
Ich fand das so lustiger.

Wohin verschwindet die Feder an dem Stäbchen wirklich, wenn Menschen sie unters Sofa schieben? Ich habe Angst, mehr als meine Vorderpfoten da unten reinzustecken.

Nicht einmal ich bin mir ganz sicher, wohin die Dunkelheit unter dem Sofa führt, aber ich habe gehört, dass man irgendwo bei Las Vegas rauskommt.

Zum Thema Aquarien: Wie lange dauert es noch, bis ich mit den Fischen da drinnen, äh, spielen darf?

Wenn ich dich irgendwo in der Nähe eines Aquariums erwische, hole ich die Wasserspritzpistole. Und da ich Gott bin, ziele ich ziemlich gut. Kapiert?

Alles klar. Und wie ist es damit: Warum neun Leben? Warum nicht sieben oder zwölf oder sechsunddreißig?

Neun Leben entsprach der Anzahl der Katzenfutterhersteller, die es damals gab. Es war irgendwie logisch.

Ist Völlerei eine Sünde? (Ich frage aus reiner Neugier.)

Ich sag's mal so: Während der Essenszeiten sollte es nicht zugehen wie in einem Haifischbecken, in das jemand gerade Fischabfälle geworfen hat. Du solltest innehalten und für das Essen, das dir gewährt wird, Dank sagen. Ist Schlingen eine Sünde? Nein. Ist es ein bisschen widerlich für die Zuschauer? Ehrlich gesagt, ja.

Bringen schwarze Katzen wirklich Unglück?

Nein, aber erzähl das bloß nicht weiter! Schwarze Katzen finden es irre komisch, Leute zu erschrecken.

Warum müssen Menschen mich immer dann hochheben, wenn ich will, dass meine Füße fest auf der Erde stehen?

Das liegt an einem offenkundigen Mangel an Kommunikation. Versuch, deine Krallen in die Brust der betreffenden Person zu schlagen, und warte ab, ob sich das Missverständnis damit klären lässt.

Ich würde gerne deine Meinung zu der Frage hören, ob Katzen im Haus bleiben oder draußen herumlaufen sollten oder eine Kombination von beidem.

Ich habe gelernt, mit Leuten, mit denen ich befreundet bleiben will, nie über Religion, Politik oder die Drinnen-draußen-Frage zu diskutieren. Es wäre in dieser Angelegenheit allerdings hilfreich, wenn deine Spezies sich entschließen könnte, ob sie drinnen oder draußen sein will. Denn in der Zwischenzeit kommen eine Menge Fliegen und Zugluft rein.

Warum liebe ich Katzenminze so sehr?

Es ist eine wenig bekannte Tatsache, dass Katzenminze zu fünfundachtzig Prozent aus Red Bull, zu zehn Prozent aus Austernextrakt und zu fünf Prozent aus Viagra besteht.

Warum rase ich ohne ersichtlichen Grund von Zimmer zu Zimmer?

Siehe vorige Frage.

Warum reden die Leute mit mir, als wäre ich ein Baby?

Das elfte Gebot, das allen verbietet, in einem Satz mehr als drei t-Wörter zu verwenden, (zum Beispiel »Ei, tomm mal her, du tummes tleines Tatzilein«) fehlte aus Versehen auf der Tafel. Ich könnte das ändern, aber wozu? Und es ist eigentlich auch nicht die Schuld der Menschen. Du bist eben ein verflixt süßes Geschöpf. Oder nicht? Ja, doch. O ja. Tomm mal her. Oh, äh, 'tschuldigung.

Stimmt was nicht mit mir, weil ich mich so gerne in schmutzigen Socken, BHs und Unterhosen wälze?

Nein, es sei denn, du fängst an, sie zu tragen.

Wie kommt es, dass bisher niemand herausgefunden hat, woher das Schnurren genau kommt?

Ich warte noch auf die Genehmigung meines Patentantrags, bevor ich diese Information preisgebe.

Warum haben die Katzen im Fernsehen anscheinend viel mehr Spaß am Leben als ich? Ich finde es in meinem Katzenklo nie so wahnsinnig toll wie die.

Denk daran: Das meiste, was du im Fernsehen siehst, ist nicht real. (Ausgenommen Wrestling. So was kann man nicht faken.)

Ich habe irgendwo gelesen, dass sich die Erde um die Sonne dreht, aber ich war eigentlich sicher, dass sich die Erde um mich dreht. Was ist richtig?

Ich weiß, wie sehr du die Sonne magst, deshalb habe ich es so eingerichtet, dass sich die Erde um sie dreht. Keine Sorge. Am Ende dreht sich alles um dich.

Erhörst du Gebete?

Natürlich. Weißt du noch, wie der Dobermann von nebenan diese unglückliche Begegnung mit dem Kantenstecher hatte? Zufall? Glaube ich nicht.

Meine Menschen schreien mich an, wenn ich Katzenfutter esse, das auf dem Fußboden lag. Haben sie recht? Ist das unhygienisch?

Nicht, wenn du so tust, als hättest du's nicht gemerkt. Was du nicht weißt, macht dich nicht heiß.

Wenn die Leute nicht wollen, dass ich auf ihrem Computer sitze, warum haben sie ihm dann eine Maus gegeben?

Wieder einmal ein Beispiel für die widersprüchlichen Botschaften, die du von den Menschen empfängst. Sie schimpfen dich ja auch aus, weil du die Krallen am Sofa wetzt. Hallo? Warum haben sie dann überhaupt ein Sofa hingestellt?

Wen hältst du für die heimlichen Helden dieser Welt?
Freiwillige Tierschützer, Mitarbeiter von Gourmet Katzenschmaus und den Erfinder der Vitaminsnacks mit Lachsgeschmack.

Super Liste. Wen noch?
Ich fand schon immer, dass William Shatner als Schauspieler nie ausreichend gewürdigt wurde.

Warum gelten Hunde als treu und Katzen als hochnäsig? Das ist unfair.
Ich musste etwas tun, damit auch Hunde eine Chance bekommen. Du besitzt Köpfchen, Schönheit, Geist, Anmut und geräuschlose Pfoten, mit denen du dich an Menschen anschleichen kannst. Alles, was Hunde haben, ist schlechter Atem, überaktive Speicheldrüsen und Probleme mit der Abgrenzung. Treue war meine Art, den Hunden einen Knochen hinzuwerfen. Gewissermaßen.

Von wem stammt der Mythos, dass Katzen immer auf den Füßen landen?
Der Typ hieß Phil, so um 1200 v. Chr.

Warum üben stinkende Schuhe – besonders aus Leder – eine so ungeheure Faszination auf mich aus? Sie sind unwiderstehlich.
Bei diesem Thema fühle ich mich irgendwie nicht wohl. Ich gebe dir die Nummer meines Therapeuten.

Gott hat einen Therapeuten?

Leider gibt es nicht genug Katzen auf der Welt für meine angeschlagenen Nerven. Ich muss mich immerhin den ganzen Tag mit Leuten abgeben, die unbedingt den Planeten kaputt machen wollen. Kriege, Umweltverschmutzung, Hüftjeans ... Ich habe eine Menge um die Ohren.

Warum wollen mich Menschen immer von hinten nach vorne streicheln?

Aus demselben Grund, aus dem sie Wiederholungen von *Golden Girls* ansehen und Disco Pop hören. Sie sind wahnsinnig.

Noch eine Frage. Laufen Katzen wirklich über heiße Blechdächer?

Nein. Das ist ein Gerücht, das Big Daddy in die Welt gesetzt hat.

Was steckt dahinter, dass wir keine abspreizbaren Daumen haben? Willst du nicht, dass wir selber Türklinken oder Dosen mit Laschenverschluss aufkriegen?

Ich habe die Münze geworfen. Menschen haben abspreizbare Daumen und Katzen haben Schnurrhaare, die sechsundsiebzig Funkfrequenzen empfangen, einen Schwanz, mit dem sie das Gleichgewicht halten – und sie landen immer auf den Füßen. Ehrlich gesagt, ich finde, dass ihr besser dran seid.

Warum weiß niemand meine geniale Ninja-Taktik zu schätzen?
Kann ich dir auch nicht sagen, aber es ist vielleicht nicht so
hilfreich, wenn du dich dauernd aus schattigen Ecken auf
Staubflusen stürzt und dabei »Aaaahiiiijeeiii« kreischst.

*Ich habe diese Unterhaltung mit dir geführt, während ich mich
im Flurspiegel betrachtet habe. Bedeutet das, ich bin Gott?*
Irgendwie schon, ja.

KAPITEL 2

Das Persönlichkeitsprofil

Bist du eine Katze vom Typ A, mit dem unbändigen Drang, nachts herumzustreunen? Machst du dir große Sorgen, wenn der Brekkie-Pegel sinkt? Werden dir dauernd abwertende Bezeichnungen wie »du faules Pelzknäuel« an den Kopf geworfen (falls du wach genug bist, sie zu hören)? Was wäre, wenn du erfahren würdest, dass deine Neigung, im Müll zu wühlen oder Pflanzen zu fressen, vorherbestimmt ist? Anders gesagt, wenn du an nichts, was du tust, jemals schuld wärst?

Der Persönlichkeitstyp wirkt sich auf alle Lebensbereiche einer Katze aus, von der Disposition zum Pirschen bis hin zur Baldriansucht, von Schlafgewohnheiten bis zu sozialen Interaktionen. Der folgende Test gibt dir Aufschluss über deine angeborenen Vorlieben. Mit diesem Test kannst du herausfinden, zu welchem von 16 Typen du gehörst. Denk daran: So wie es keine richtige oder falsche Art gibt, ein Eichhörnchen zu köpfen, so gibt es auch nicht den »besten« oder »schlechtesten« Typ.

Wenn du deinen Typ kennst, wirst du deine natürlichen Vorlieben im Alltag besser ausleben können. Du wirst interessante berufliche Perspektiven entdecken und lernen, wie du deine fellsträubenden Marotten – falls du welche hast – kompensierst. Eine KEHR- (Kuschler Entdecker Held Rebell) Katze zum Beispiel überschätzt sich leicht und neigt dazu, übereilte und manchmal unkluge Entscheidungen zu treffen (»Ich klettere jetzt auf diesen coolen Baum rauf«), statt sich einen Überblick über die Gesamtsituation zu verschaffen (»Ich bleibe womöglich bis in alle Ewigkeit auf diesem Baum hocken«).

Nachdem du dein Profil erstellt hast, kannst du es für folgende Zwecke benutzen:

- Entdecke Stärken (deine) und Schwächen (die der anderen).
- Finde heraus, wie viel soziale Interaktion du erträgst, bevor du anfängst, das Mobiliar zu zerfetzen.
- Finde den Knecht (d. h. Mensch), der ideal zu deiner Persönlichkeit passt.
- Beantworte souverän Fragen wie »Autsch! Warum hast du das gemacht?« oder »Was zum Teufel ist los mit dir?!«
- Entdecke die perfekten Arbeitsfelder für deinen Typ, z. B. Testperson für Schlaflabore (IDNU) oder Undercover-Agent (KEHU).
- Polstere damit das Katzenklo.

Dein Profil

Der Zeitaufwand für die Erstellung des Profils beträgt ungefähr zehn Minuten bzw. – Nickerchen eingerechnet – drei Tage. Die Persönlichkeitstypen findest du in der folgenden Tabelle.

DIE ACHT HAUPTTYPEN

Worauf du deine Aufmerksamkeit richtest	I Individualist: Individualisten brauchen nichts und niemanden (außer dem einen oder anderen Häppchen Fischpastete, wenn absolut niemand hinschaut). Dein Ziel ist es, versteckte Orte in der Wohnung aufzuspüren, damit deine Menschen glauben, du wärst weggelaufen.	K Kuschler: Wer liebt einfach alles und jeden? Du! Kuschel-Katzen sind darauf aus, sich so dicht wie möglich an ihre Menschen, andere Tiere und jede Art von Flausch zu drücken, egal, wie klein oder groß.
Wie du Informationen verarbeitest	E Entdecker: E-Katzen zeigen eine natürliche Neugier auf das Leben. Was ist in dieser Tasche? Warum ist die Badezimmertür geschlossen? Was passiert, wenn ich an dieser Blume knabbere? Ein forschender Geist wie deiner sucht Antworten!	D Dauerschläfer: Ist das Leben es wert, dafür wach zu werden? D-Katzen machen nicht mal die Augen auf, wenn es klingelt. Sie absorbieren Informationen durch ihre inneren Sinnesorgane, sie erfahren die Wirklichkeit mit Hilfe von Instinkt und halb zugeklappten Augenlidern. Wenn etwas nicht brennt oder essbar ist, widmest du ihm minimale Aufmerksamkeit.
Wie du Entscheidungen triffst	H Held: Heldenhafte Katzen treffen schnelle Entscheidungen, allerdings oft, ohne die Folgen zu berücksichtigen. Katzen, die sich mit Rottweilern anlegen oder in Kippfenstern klemmen, weisen häufig das Temperament eines Helden auf.	N Nervenbündel: N-Katzen erschrecken leicht, begegnen dem Leben mit Argwohn und fühlen sich am sichersten unter dem Bett, wo sie über all das Schlimme nachdenken, was ihnen zustoßen könnte. Ihre Entscheidungen basieren auf der Furcht vor tödlichen Gefahren und/oder Badewannen. Sie haben stark entwickelte Beinmuskeln, mit denen sie bis zu 1200 Meter hoch in die Luft springen können.

Wie du mit der Außenwelt umgehst	R Rebell: R-Katzen wissen, wer sie sind, was sie wollen und wie sie es sich am besten holen. Rebellen agieren am liebsten mit Hilfe von List und Tücke und überzeugen ihre Umgebung mit der Drohung, auf das Bettlaken zu pinkeln.	U Unschuldskatze: U-Katzen sehen in allen Menschen das Gute, auch dann noch, wenn sie in den Frachtraum einer Boeing 747 geladen werden. Sie bitten nur um Liebe und ab und zu ein Bäuchleinstreicheln. Ihr Kulleraugencharme ebnet ihnen den Weg.

Hinweis: *Bitte nur eine Antwort ankratzen bzw. einen Satz vervollständigen.*

Ich schlafe am besten

a) mit anderen Katzen verknäult.

b) allein.

c) alle viere von mir gestreckt mitten auf dem Bett, während die anderen fast runterfallen.

d) bei jemandem auf dem Gesicht.

Ich spiele in großen Papiertüten, weil

a) ich nicht mit Messern spielen darf.

b) sie so eine Art private Batcave für mich sind.

c) ihr mich nicht seht, weil ich euch nicht sehe.

d) ich das Echo geil finde.

3. Diese Katze

a) fiel einem unerfahrenen Tierpräparator in die Hände.
b) befand sich gerade mitten in einem Blick-Duell, als irgendwas komplett schiefging.
c) sieht Gespenster.
d) explodiert demnächst, wenn sie nicht schnell ein Katzenklo findet.

4. Ich traue Fremden

a) prinzipiell – man kann nie genug Freunde haben.
b) niemals – wer weiß, sie könnten Hundeliebhaber sein.

5. Ich glaube, dass

a) ich eines Tages diesen geheimnisvollen roten Lichtpunkt auf dem Fußboden doch noch erwische.
b) ich diesen geheimnisvollen roten Lichtpunkt nie erwischen werde.
c) wir diesen geheimnisvollen roten Lichtpunkt im Team erwischen können.

d) dieser geheimnisvolle rote Lichtpunkt das Auge des Dämons ist.

6. Wenn Menschen mich streicheln, sagt mir mein Instinkt:

a) Halte ihnen den Bauch hin.
b) Halte ihnen den Bauch hin und versuch dann, sie zu beißen und/oder zu kratzen, wenn sie ihn anfassen wollen.
c) Schnurre laut.
d) »*Mich* streicheln? He, seid ihr vielleicht lebensmüde?«

7. Diese Katze denkt:

a) Auweia.
b) Du hast *was* mit meiner Käfersammlung gemacht??
c) Ich kann von hier oben mein Bett sehen.
d) Ich dachte, Sekundenkleber klebt nicht an Fell.

8. Mein Lieblingsversteck ist

a) der Wäschekorb. Stinkende Klamotten, yeah!

b) jedes beliebige enge Plätzchen, in das ich meinen XXL-Luxuskörper quetschen kann.

c) der Wohnzimmerteppich. Bei Gefahr neige ich zu Panik und erstarre zur Salzsäule.

d) Bielefeld.

9. Meine emotionale Reaktion auf Situationen ist gewöhnlich

a) vorhersagbar.

b) variabel.

c) Was genau ist eine emotionale Reaktion?

10. Wenn mein Mensch beim Nachhausekommen nach einer anderen Katze riecht,

a) werfe ich mich unter den Staubsauger. Unsere Liebe ist gestorben.

b) schert mich das nicht die Bohne. Wo bleibt mein Futter?

11. Ich bin _____ in meinem Futternapf eingeschlafen

a) noch nie

b) gelegentlich

c) Was? Das ist kein Gästebett?

12. Welches Bild gefällt dir besser?

a)

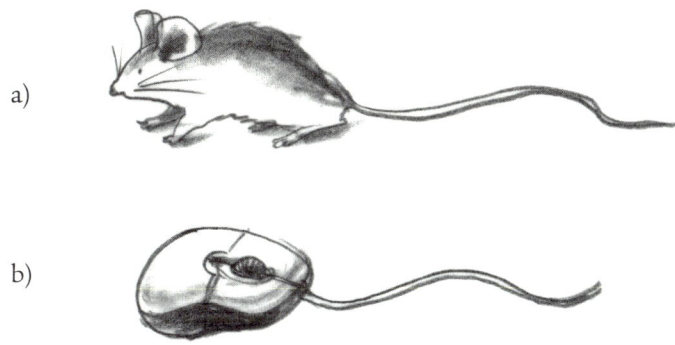

b)

13. Wenn ich mit den Pfoten den Bauch meines Menschen knete,

a) drücke ich damit Freude aus.

b) versuche ich, den Selbstzerstörungsknopf zu finden.

c) tue ich so, als würde ich Plätzchen backen.

d) hoffe ich, ein inneres Organ zu schädigen.

14. Wenn ich von einer Person vermute, dass sie keine Katzen mag,

a) pinkle ich auf ihre Habseligkeiten.

b) ignoriere ich die Person und pinkle dann auf ihre Habseligkeiten.

c) bemühe ich mich redlich, mich mit der Person anzufreunden, und pinkle dann auf ihre Habseligkeiten.

d) starre ich die Person von weitem böse an und pinkle dann auf ihre Habseligkeiten.

15. Mein Lieblingsspiel heißt

a) Wie lang ist wohl der Faden aus dem Bettüberwurf?

b) Wecker spielen um drei Uhr nachts.

c) Fang den Fuß.

d) Lass mich rein, lass mich raus.

16. Diese Katze denkt

a) »Ich komme erst raus, wenn die Luft rein ist.«

b) »Noch ein Schritt, Alter, und isch mach disch platt.«

c) »Waschtag? Dass ich nicht lache.«

d) »Ich krieg dich, Schätzchen, und deinen Waldi auch.«

17. Meine Einstellung zu Sex ist

a) konservativ.

b) liberal.

c) krass!

d) noch nebulös. Lass mich erst mal am Fußende sitzen und zugucken.

18. Vervollständige diesen Satz: Wir haben nichts zu fürchten außer

a) den koffeinsüchtigen Chihuahua von nebenan.
b) Nagelknipser.
c) Alles. Wir sollten alles fürchten.
d) die Transportbox.

19. Welche der beiden Katzen hat gerade ihr Mittagessen in den Schuh ihres Menschen gewürgt?

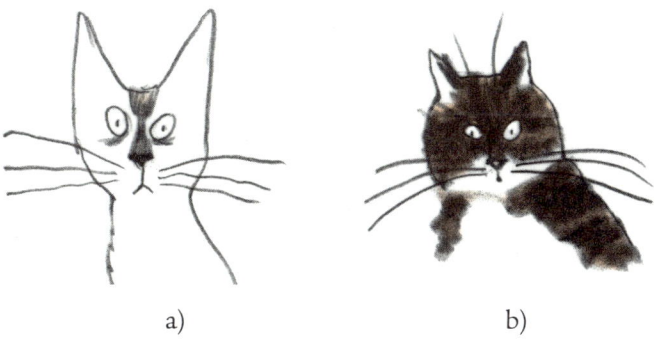

a)   b)

20. Mein Rat an eine Katze, die etwas kaputt gemacht hat:

a) Probiere es mit dem Unschuldsblick: »Was, *iiiich*??«
b) Lauf weg.
c) Verteile unauffällig ein paar Scherben neben dem Hundekorb.
d) Verlange deinen Anwalt zu sprechen.

21. Wenn ich ein totes Insekt finde,

a) spiele ich mit ihm ein Weilchen Straßenhockey.

b) stürze ich mich darauf, damit es so aussieht, als ob ich es erbeutet hätte.

c) ignoriere ich es. Ich habe auch meinen Stolz.

d) lege ich es zu den anderen Sachen in meine Schatzkiste unters Bett.

22. Den Tierarzt gibt es,

a) damit er mir hilft.

b) damit er mir weh tut.

c) weil Gott mich prüfen will.

d) zur Bestätigung meines Standings als gewalttätigster Patient, der ihm je untergekommen ist.

23. Wähle die Unterschrift, die am besten zu diesem Foto passt:

a) Schon als Kätzchen lernte Tiger, wie wichtig es ist, vor der Jagd zu stretchen.

b) Bauchkraulen. *Sofort*!

c) Es ist ein Vogel! Es ist ein Flugzeug! Es ist *Supercat*!

d) Hilfe! Ich bin gestürzt und kann nicht mehr aufstehen.

24. Wenn sich im Haus etwas bewegt oder verändert wird,

a) kriege ich davon nichts mit.

b) beginne ich sofort mit meinen Ermittlungen.

c) Warum nur? Warum tun sie mir das an?

d) ist das ein erstes Anzeichen für den Weltuntergang. Sofort packen.

Testanweisung: *Kreise langsam und gleichmäßig die Zahl ein, die deiner Grundeinstellung am ehesten entspricht.*

25. Wenn Timmy in den Brunnen fallen würde ...

1	2	3	4	5

Endlich darf ich ———————— Wie lautet noch mal die Frage?
mal Lassie spielen!

26. Ich bin verspielt und extrovertiert

1	2	3	4	5

Tag und Nacht, ———————— Nie, lass mich bloß zufrieden
ununterbrochen

27. Ich räume mein Spielzeug immer schön auf

1	2	3	4	5

Nicht wirklich ————————— Nicht mein Problem

28. Ich stelle die Bedürfnisse anderer über meine eigenen

1	2	3	4	5

Grundsätzlich ——————————————— Andere haben Bedürfnisse?

29. Am liebsten habe ich

1	2	3	4	5

echte Freunde ——————————————— Freunde, die mit Katzenminze
ausgestopft sind und eine
Herstellergarantie haben

30. Wenn ich eine wichtige Arbeit angefangen habe,

1	2	3	4	5

wird mir schlecht ——————————————— schlafe ich ein

31. Philosophische Debatten (wie »Was war zuerst da, das Hühnchen oder die Hühnchenpastete?«) interessieren mich

1	2	3	4	5

nicht besonders ——————————————— Warum fragst du?
Hast du Hühnchenpastete
mitgebracht?

32. Ich wecke meine Menschen so früh, weil

1	2	3	4	5

sie mir fehlen ——————————————— sie mich nerven

33. Ein Futternapf mit meinem Namen darauf bedeutet,

1	2	3	4	5

dass ich geliebt werde ———————————— dass ich gedemütigt werde
(vor allem, wenn er pink ist)

34. Zeit für Körperpflege ist nie vergeudete Zeit.

1	2	3	4	5

Wahr ————————————————————— Sehr wahr

35. Ein Fauchen ist

1	2	3	4	5

eine Warnung ———————————————— eine Herausforderung

36. Wenn mich irgendetwas nichts angeht,

1	2	3	4	5

respektiere ich das ———————————— Ich kann mir beim besten
Willen keine Situation vorstellen,
in der das zuträfe.

Ergebnis

Notiere zunächst die Punktzahlen für die Fragen 1 bis 24 und trage sie in die Tabelle auf der nächsten Seite ein, danach die eingekreisten Ziffern bei den Fragen 25 bis 36.[1] Addiere die Punkte in jeder Spalte, und du erhältst dein Persönlichkeitsprofil.

1. a = 2, b = 4, c = 3, d = 1
2. a = 4, b = 3, c = 1, d = 2
3. a = 1, b = 3, c = 4, d = 2
4. a = 1, b = 2
5. a = 3, b = 2, c = 1, d = 4
6. a = 2, b = 3, c = 3, d = 4
7. a = 1, b = 2, c = 3, d = 4
8. a = 3, b = 2, c = 1, d = 4
9. a = 1, b = 2, c = 3
10. a = 2, b = 1
11. a = 1, b = 2, c = 3
12. a = 2, b = 1

13. a = 1, b = 4, c = 2, d = 3
14. a = 1, b = 2, c = 4, d = 3
15. a = 1, b = 4, c = 3, d = 2
16. a = 1, b = 3, c = 2, d = 4
17. a = 1, b = 2, c = 4, d = 3
18. a = 4, b = 3, c = 1, d = 2
19. a = 2, b = 1, c = 4, d = 3
20. a = 1, b = 2
21. a = 2, b = 3, c = 4, d = 1
22. a = 1, b = 2, c = 3, d = 4
23. a = 2, b = 3, c = 4, d = 1
24. a = 3, b = 4, c = 2, d = 1

---

1 Gib dir 5 Punkte für jede Frage, die dir zu blöd war. Gib dir 50 Punkte, wenn du beschlossen hast, diesen Test zu schreddern, und schau dir stattdessen im Fernsehen die dritte Wiederholung von »Fliege« an. Was ist nur an diesem Typ?

A	B	C	D
1.	2.	3.	4.
5.	6.	7.	8.
9.	10.	11.	12.
13.	14.	15.	16.
17.	18.	19.	20.
21.	22.	23.	24.
25.	26.	27.	28.
29.	30.	31.	32.
33.	34.	35.	36.
Summe für Spalte A:	Summe für Spalte B:	Summe für Spalte C:	Summe für Spalte D:
———	———	———	———
Dein Individualist- / Kuschler-Ergebnis	Dein Entdecker- / Dauerschläfer-Ergebnis	Dein Held- / Nervenbündel-Ergebnis	Dein Rebell- / Unschuldskatze-Ergebnis

So ermittelst du dein Ergebnis – falls du Lust dazu hast

Trage nun deine Ergebnisse in ein Schaubild ein. Das Persönlichkeitsprofil einer KEHU-Katze mit den folgenden Punktzahlen würde zum Beispiel so aussehen:

Persönlichkeitsprofil für KEHU

Kuschler 12   Entdecker 32   Held 26   Unschuldskatze 10

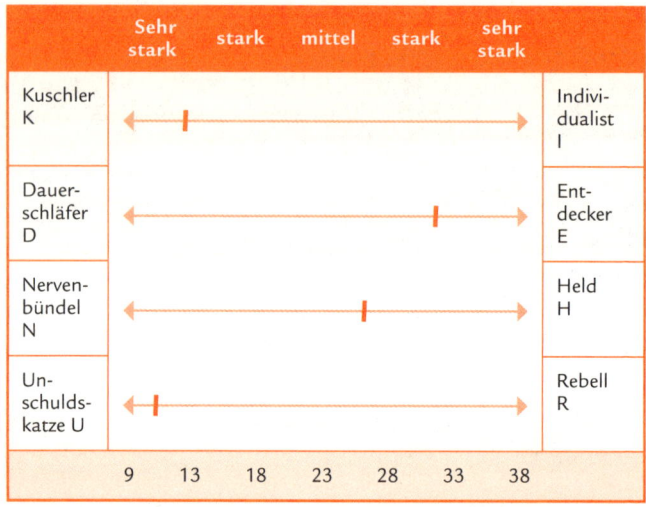

Wie du siehst, ist das bestimmende Merkmal dieser Katze Unschuld, gepaart mit einem starken Kuschelbedürfnis und Wunsch nach Nähe zu Menschen. Mittlere Angstwerte und niedrige Lethargiewerte deuten auf eine Katze, die am liebsten in Unterwäscheschubladen stöbert und mit dem Hund rangelt.

Erstelle nun dein eigenes Schaubild.

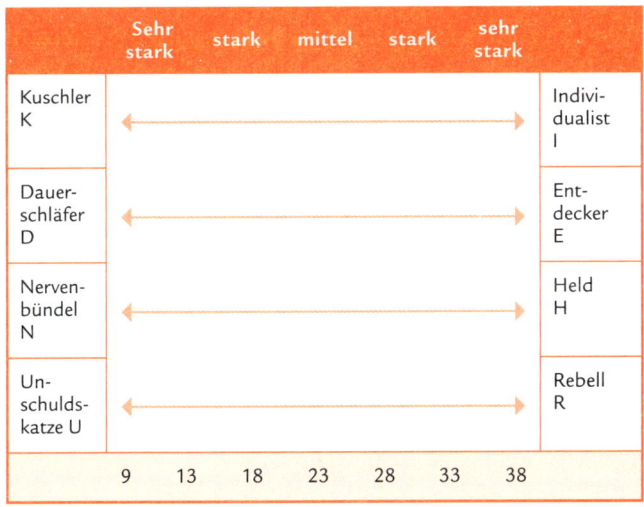

	Sehr stark	stark	mittel	stark	sehr stark	
Kuschler K	←				→	Indivi-dualist I
Dauer-schläfer D	←			→		Ent-decker E
Nerven-bündel N	←				→	Held H
Un-schulds-katze U	←				→	Rebell R
	9	13	18	23	28	33	38

Die sechzehn Persönlichkeitstypen

KDNR: Versorger   KEHR: Despot

KDNU: Visionär   KENR: Helfer

IDNR: Yogi   IEHR: Traditionalist

IDNU: Romantiker   IENR: Zwanghafter

KDHR: Anführer   KEHU: Entdecker

KDHU: Trendsetter   KENU: Komiker

IKHR: Nonkonformist   IEHU: Analytiker

IDNR: Wissenschaftler   IENU: Sensibelchen

Die sechzehn Persönlichkeitstypen

Das Ergebnis reflektiert, wie du im Alltag klarkommst. Wenn du zum Beispiel eine hohe Nervenbündel-Punktzahl hast, ist deine Aversion gegen die Türklingel, den Wind und Stiletto-Absätze verständlicher.

Die Ergebnisse geben Aufschluss über die Einstellungen und Verhaltensweisen der verschiedenen Typen. Um diesen Punkt zu verdeutlichen, haben wir die charakteristische Antwort jedes Typs auf die Frage »Ist der Futternapf halb voll oder halb leer« hier aufgeführt.

KDNR / Versorger: Ich möchte, dass alle anderen sich satt essen – nein, stopp, dich hab ich nicht gemeint! –, bevor ich zum Napf gehe.

KDNU / Visionär: Wenn wir alles runterschlingen, was da ist, könnte sich mehr materialisieren.

IDNU / Yogi: Ob dieser Napf voll oder leer ist, spielt keine Rolle. Die Frage ist, wieso lechzen wir nach Essen, das wie Pappe schmeckt?

IDNU / Romantiker: Wie meine Menschen mich lieben? Ich zähle es am besten auf. Ein Leckerli – mampf. Zwei Leckerlis – mampf mampf. Drei Leckerlis – mampf mampf mampf. Vier Leckerlis ...

KDHR / Anführer: Ich kenne den Weg! Alle mir nach zum Futternapf!

KDHU / Trendsetter: Blech! Dieser Fraß ist so was von uncool. Sofort in Vermeidungsmodus gehen.

IKHR / Nonkonformist: He! Wer wettet mit mir, dass ich aus dem Hundenapf fresse?

IDNR / Wissenschaftler: In Anbetracht der Anteile von Manganoxid, Kupfersulfat und Glycerylmonostearat muss man bezweifeln, dass dies hier als »Nahrung« klassifiziert werden kann. Ich befürchte einen Giftanschlag.

KEHR / Despot: Wenn dieses Zeug nichts taugt, wird sich jemand wünschen, nie auf die Welt gekommen zu sein!

KENR / Helfer: Ich reiche jetzt das Besteck und die feuchten Tücher herum, bevor wir anfangen. Haben alle ihre Pfoten gewaschen?

IEHR / Traditionalist: Hmm. Das ist nicht wie das Essen, das ich von meiner Mutter gewohnt bin.

IENR / Zwanghafter: Ich muss jeden Bissen exakt zwanzigmal kauen, bevor ich ihn hinunterschlucke. Zum Glück kann ich ungefähr 150 Bissen gleichzeitig im Mund behalten.

KEHU / Entdecker: Vergesst den Napf! Ich habe eine Schatzkarte, auf der die Küchentheke, die Topfpflanzen und die Vorratskammer eingezeichnet sind. Wer kommt mit?

KENU / Komiker: He! Guckt mal, wie ich mir das Futter in die Backen stopfe. Jetzt ratet mal, wer ich bin. Ein Kugelfisch! Kapiert? Kapiert?

IEHU / Analytiker: Seit fast einer Stunde hat uns niemand mehr beachtet, deshalb ist es völlig irrelevant, ob der Napf halb voll oder halb leer ist. Man hat uns hier ausgesetzt, damit wir *sterben*.

IENU / Sensibelchen: Die schlichte Schönheit von Futterhäufchen, die um den Napf herum verstreut liegen, berührt mich tief in meiner Seele. Oder vielleicht muss ich auch nur aufs Klo.

KAPITEL 3

Wie man Freunde gewinnt und Hundeliebhaber manipuliert

Der Selbstvervollkommnungsguru (und mutmaßliche Katzenfreund) Dale Carnegie hat einmal gesagt: »Glaube an deinen Erfolg, dann wird dir alles gelingen.« Wir sagen: »Sabotiere die Leute in deiner Umgebung, und man wird dich für erfolgreich halten.«

Dieses Kapitel schickt dich auf eine anspruchsvolle, garantiert wasserfreie Reise der Selbsterforschung, auf der du altbewährte Katzeneigenschaften verfeinern wirst, zum Beispiel Zähigkeit, Heimlichtuerei und die Fähigkeit, dich unter den Fernsehsessel zu quetschen – Eigenschaften, die Generationen von Katzen vor dir Ruhm und Reichtum beschert haben. Stärke dein Selbstvertrauen, indem du alles im Haus zu deinem Besitz erklärst, entwickle Strategien zur Imageoptimierung, kurz gesagt, entwickle dich von einer Hauskatze zur Glamour Cat. Lerne, Interesse an anderen zu heucheln, und werde zum gefragten Salonlöwen, während du selbst alles ignorierst, was man dir sagt. Und vor allem – überzeuge Menschen, Hunde und andere niedere Lebensformen von deiner Denkweise.

Teil 1: Wie du Freunde gewinnst

Du magst dich vorläufig noch fragen: Will ich überhaupt Freunde? Freundschaft folgt bestimmten Regeln. Man erwartet von Freunden, dass sie teilen (das wird definiert

Wie du das meiste aus diesem Kapitel herausholst

- Unterstreiche Schlüsselbegriffe, indem du die betreffenden Seiten zerfetzt.

- Lege einen Haarball neben die Abschnitte, die du später noch einmal lesen willst.

- Hinterlasse auf jeder Seite deinen Geruch, um deine Fortschritte zu markieren.

- Belohne dich mit einer kleinen Portion Katzenminze, wann immer du ein Vorhaben in die Tat umgesetzt hast – sowie jedes Mal, wenn du daran denkst, ein Vorhaben in die Tat umzusetzen.

- Nutze die Ränder, um deine Triumphe und Siege über niedere Lebensformen zu vermerken.

- Leg dich hin und wieder zu einem Schläfchen auf die Seiten und hoffe darauf, dass »Lernen durch Osmose« funktioniert.

als »einen Teil von dem abgeben, was einem selbst gehört, ohne geknebelt, genötigt oder gehirnamputiert zu werden«.) Dies stellt für die durchschnittliche Katze ein Problem dar. Das Teilen wurde in den 1970er Jahren abgeschafft, als mit Katzenminze präparierte Plüsch-Garfields auf den Markt kamen. Abgesehen von dem gelegentlichen türkischen Zungenbad weigern sich Katzen seitdem zu teilen.

Andererseits sind Freunde ganz nützlich, wenn man jemanden braucht, der einem den Rücken krault oder auf dem man sich zusammenrollen kann oder dem man für den ominösen Fleck auf dem Teppich die Schuld zuschieben kann. Aus diesen Gründen empfiehlt es sich, etwas weniger Abgrenzung zu praktizieren und zuzulassen, dass andere sich dir für zehn Minuten täglich nähern.

Wie schafft man es, Freunde zu gewinnen? Wir empfehlen die folgenden altbewährten Taktiken:

Erpressung: Immer eine starke Option. Finde heraus, wie man eine einfache Digitalkamera bedient (du wirst es uns noch danken), und mach ein paar kompromittierende Schnappschüsse. Droh damit, die Fotos auf YouTube zu stellen, wenn man dir nicht mindestens eine Stunde lang den Rücken und den Nacken massiert.

Recycelte Geschenke: Sei es eine leblose Motte, eine speichelgetränkte Spielzeugmaus oder die hochgewürgten Überreste der letzten Mahlzeit – ein Secondhandgeschenk, solange es von Herzen oder aus dem Magen kommt, kann Wunder wirken! Kleine Geschenke erhalten die Freundschaft.

Kopfstöße: Das klassische Freundschaftsangebot. Sie sind auch eine gute Möglichkeit, neuen Freunden zu signalisieren, dass sie verdammt nochmal die Kurve kratzen sollen.

Erschlaffen: Menschen halten es für einen Vertrauensbeweis, wenn du in ihrer Gegenwart erschlaffst. Sie begreifen nicht, dass du dich in Wirklichkeit tot stellst, damit sie dich endlich in Frieden lassen.

Ehrliches Feedback geben: Feedback gibt man am besten spätnachts, wenn die Fähigkeit des Freundes, ein Kopfkissen einigermaßen zielgenau in deine Richtung zu werfen, am stärksten eingeschränkt ist.

Den neuen Freund ablecken: Eklig, aber effektiv. Hinterher gut den Mund ausspülen und ausspucken.

Das Territorium markieren: Das Motto »Je höher die Zäune, desto besser die Nachbarschaft« kann man zu »Je ausgiebiger du markierst, desto besser die Freundschaft« abwandeln. Es ist völlig in Ordnung, wenn du die Grenzen immer wieder neu definierst oder den Geruch eines Freundes mit deinem eigenen überdeckst.

Überraschungsangriffe: Hier geht es nur um die Gaudi. Sie werden deine Freunde in ständige Alarmbereitschaft und nagende Angst versetzen. (Halte die Instant-Kamera bereit. Du wirst ein paar echte Klassiker in den Kasten kriegen.)

Geiselnahme: Drohe damit, auf der frisch gebügelten Wäsche zu schlafen, bis sie Schinken oder Forelle springen lassen.

Einen Klaps auf den Kopf akzeptieren: Menschen halten einen solchen Klaps für einen Freundschaftsbeweis; sie ahnen nicht, dass sie gerade zur Eliminierung ins Visier genommen wurden.

Schnurren: Schnurren ist ein gutes, nichtssagendes, unverbindliches Freundschaftssignal. Wie »Aloha« hat es viele Bedeutungen, von »Hallo« bis »Ich mach dich kalt«.

Fremden Besitz beanspruchen: Zerre Kopfkissen, Unterwäsche oder den Familienhund in die Mitte des Raumes, lass dich darauffallen und erkläre sie zu deinem Eigentum. Das Bonding kann beginnen.

Erpressung per Bauch: Niemand kann der Macht des Bauches widerstehen. Niemand. Na gut, vielleicht die verrückte Tante Dorothee, die zu Weihnachten auftaucht und nach Hundezwinger riecht. Aber bei ihrer Vorliebe für Terrier ist sie sowieso schon mit einem Fuß in der Klapse.

Wie wird man ein gefragter Gesellschafter?
Die Freunde sind da, so weit, so gut, aber die Arbeit ist noch nicht beendet. Nun ist es erforderlich, dass du Interesse an ihren Erlebnissen heuchelst. Das ist leichter gesagt

als getan. Interesse heucheln beinhaltet wach bleiben, während der Freund quatscht, über dieses und jenes ... na ja, worüber man eben so redet.

Glücklicherweise ist von deiner Seite nicht mehr erforderlich als gelegentlich ein bedächtiges Blinzeln, welches zeigt, dass du noch nicht ganz ins Koma gefallen bist. Möchtest du allerdings ein bisschen mehr Pep in die Sache bringen, findest du hier ein paar Tipps, wie man zum brillanten Plauderer wird.

Fragen stellen: Leg den Kopf schief und erkundige dich »Mrau? Mrau? Mrau?« Je länger du fragst, desto schiefer musst du den Kopf legen. (Wenn du ein Knacksen hörst, hör auf! Dann ist er zu schief.) Mach ein Spiel daraus und versuche herauszubekommen, wie viele »Mraus« du brauchst, um den neuen Freund in den Suff zu treiben.

Neue Themen einbringen: Scheu dich nicht, jemandem das Wort abzuschneiden, wenn du ein interessanteres Gesprächsthema entdeckst, wie zum Bespiel einen toten Käfer auf der Fensterbank oder ein Relikt vom letzten Klobesuch in deinem Fell.

Humor ins Spiel bringen: Dreh dich an beliebigen Punkten der Unterhaltung um und streck deinem Gesprächspartner den Hintern ins Gesicht. Das ist ein Partytrick von zeitloser Komik.

Körpersprache einsetzen: Weit aufgerissene Augen und ein starrer Blick bedeuten: »Mich fasziniert, was du da erzählst.« Ein peitschender Schwanz und flache Ohren bedeuten: »Bei diesem Thema ist mir nicht ganz wohl.« Sich unter dem Bett verstecken bedeutet: »Ich würde lieber mit Staubflusen von der Größe Alaskas kämpfen als mir deine öden Geschichten anhören.«

Etwas zum Gespräch beitragen: Sei bereit, jederzeit ein Haarknäuel hochzuwürgen, um deinen Anteil an der Konversation mit interessanten Inhalten zu füllen.

Neugierde zeigen: Neugier ist die Basis jeder guten Beziehung. Inspiziere alles, was dich nichts angeht, inklusive Medizinschränkchen und eigentümliche Körpergerüche.

Teil II: Wie man Hundeliebhaber manipuliert

Wappne dich. Es gibt Menschen, die Hunde lieber mögen als Katzen. Uns ist zwar nicht ganz klar, warum Gott diese Unglücklichen nicht einfach tot umfallen lässt, aber er wird schon seine Gründe haben. Das Gute am Umgang mit Hundeliebhabern ist, dass man es eindeutig mit geistig minderbemittelten Individuen von fragwürdigem Geschmack zu tun hat. Es wird also nicht lange dauern, bis sie dir aus der Pfote fressen.

Willst du Hundefreunde – oder überhaupt Menschen – manipulieren, kannst du auf einen einfachen Trick zurückgreifen: Du musst ihnen das Gefühl geben, dass die Idee, die du ihnen in den Kopf setzt, auf ihrem eigenen Mist gewachsen ist. Wenn sie also beschließen, der Katze eine leckere Pastete zu kaufen, sie hinter den Ohren zu kraulen oder dem plötzlichen Bedürfnis nach einem Thunfisch-Baguette nachzugeben, glauben sie allen Ernstes, sie folgten ihren eigenen Impulsen. Sie wären verblüfft – und nicht wenig erschrocken –, wenn sie den Strippenzieher hinter der Bühne bemerken würden. (Tipp: Der Trick mit dem Thunfisch-Baguette ist simpel: Du musst dich nur nachts neben den Kopf des schlafenden Menschen stellen und in sein Ohr maunzen: »Thunfisch, Thunfisch, Thunfisch ohne Majo, Thunfisch, Thunfisch, Thunfisch ...«)

Hundeliebhaber versuchen vielleicht, dich als »bloß die Katze« abzuqualifizieren. Es liegt an dir, ihnen beizubringen, dass die »bloße Katze« scharfe Krallen hat. Überhaupt zieht man die Aufmerksamkeit von Hundefreunden am besten dadurch auf sich, dass man ihnen eine wischt oder, noch besser, ihren Kanarienvogel frisst. Hundebesitzer respektieren rohe Gewalt. Zu diesem Zweck könntest du ihnen eine Führung durch dein »Tal der Tränen« anbieten, beginnend bei den Plüschpantoffeln, die du zerlegt hast, vorüber an der Damastserviette auf dem Fußboden, der dort ihr letztes Stündlein schlug, bis zum Hochflorteppich im Schlafzimmer, der dank deiner Intervention nie wieder irgendjemanden behelligen wird.

Es empfiehlt sich jedoch auch, Hundeliebhaber für angemessenes Verhalten zu belohnen. Das nennt man Verhaltensmodifikation. So kannst du einem Hundebesitzer jedes Mal, wenn er um deinetwillen seinen Hund ignoriert, einen freundlichen Kopfstoß verabreichen und ihm schnurrend um die Beine streichen oder dich an seinen Nacken schmiegen. Während der treue Freund des Menschen fassungslos zusieht, kannst du die Person in eine Wolke aus Haaren hüllen und ihm »Hunde parieren, Katzen regieren« ins Ohr schnurren. Es empfiehlt sich, dem Hund hinter ihrem Rücken eins auf die Nase geben. Hunde sind

Bonus: Sechs Strategien, wie du dich aus einer Hauskatze in eine Glamour Cat verwandelst

1. Glamour ist allein eine Frage der Einstellung. Glaube daran, dass du der Star bist, und andere glauben es auch.
2. Hauskatzen sind beleidigt, Glamour Cats ziehen einen Flunsch, der einem ausgemergelten Model Ehre machen würde. Übe das Schmollen im Spiegel, bis du die perfekte Mischung aus Entrüstung, Gekränktheit und Schnurrhaarzittern hinbekommst.
3. Stell nie die Bedürfnisse anderer über deine eigenen. Sollte es dir aus Versehen einmal passieren, hör auf damit. Sofort.
4. Befreie dich von einem niedrigen Selbstwertgefühl. Zum Glück sitzt das niedrige Selbstwertgefühl in den überzähligen Haaren. Verteile Haare im ganzen Haus und du wirst verblüfft sein, wie sprunghaft dein Selbstvertrauen ansteigt.
5. Kauf dir ein Glitzerhalsband. Nichts verbreitet mehr Glamour als das Wort »Mieze« in Strass-Buchstaben.

so was von verpeilt – er wird immer noch glauben, dass du ihn für die Nummer eins hältst.

An diesem Punkt ist deine Arbeit erledigt. Du kannst jetzt anfangen, *I Wanna Be Evil* zu schnurren und dich abzulecken, um den Dekontaminierungsprozess einzuleiten.

6. Lerne perfektes Posieren. Du brauchst dich nicht zu verstecken. Heb ein Bein, streck die Pfote, Hüftschwung und … Drehung! Wenn es einen flauschigen weißen Afghanen gibt, auf dem du dich räkeln kannst, umso besser. Zeige, was du hast. Man nennt das nicht umsonst Catwalk.

KAPITEL 4

Die Mäuse-Strategie

**Eine geniale Methode,
sich an Leuten zu rächen,
die sich nehmen wollen,
was dir gehört**

Die folgende schlichte kleine Parabel wird dir die Augen dafür öffnen (halloooo? – aufwachen!), wie man erfolgreich mit Veränderungen, Stress und Haushunden umgeht.

In dieser Geschichte ist das Spielzeug von Al Katzone verschwunden, und alle sind verdächtig! Zwei Menschen, Knall und Tüte, nebst ihren beiden vierbeinigen Freunden, Nöle und Töle, tun alles Erdenkliche, um Al bei seiner Suche nach Mr. Maus zu unterstützen.

Mr. Maus ist natürlich eine Metapher für alles, was Katze vom Leben will – sei es ein voller Bauch, bedingungslose Liebe oder fünfzehn Minuten in einem dunklen Raum mit einem Baseballschläger und der bekloppten Springmaus in ihrem Laufrad, die sich für den Chef hält. Das Haus ist der Ort, an dem Katzen nach ihrem Lebenssinn suchen – hauptsächlich, weil ihre überängstlichen Menschen sie nicht nach draußen lassen –, und die Freunde, die Al auf seiner Reise der Selbsterfahrung helfen, sind natürlich entbehrlich.

Viel Spaß mit dieser klassischen Fabel von der Kunst, den anderen um eine Nasenlänge voraus zu sein.

»Neiiiin!«, schrie Al. Wie bei einem Vulkanausbruch wirbelten alte Stoffäffchen und Plüschbällchen durch das Zimmer, während Al wie wild in seiner Spielzeugkiste wühlte. Als er ganz unten angekommen war, tauchte sein großer, schwarzweißer Kopf über dem Rand der Kiste auf. »Er ist weg!«

»Wer ist weg?«, fragte Nöle, der gerade an einem Plüschbällchen mit Katzenminzaroma schnupperte. Als Bassett musste er immer an allem schnuppern.

»Vielleicht ist Al weg«, meinte Töle, drehte sich auf den Rücken und bewunderte das seidige Labradorfell auf seinem Bauch.

»Warum soll Al weg sein?«, fragte Nöle. »Da sitzt er doch.«

»Ach, richtig«, sagte Töle, »He, wann gibt's Frühstück?«

»Haltet ihr beiden mal die Klappe?«, schimpfte Al. »Mein Mr. Maus ist weg, und ihr seid die Hauptverdächtigen. Du! Nöle! Schnell – wo warst du heute zwischen zwei und vier Uhr morgens?«

»Weißt du, Al, ich heiße eigentlich Fred«, sagte Nöle.

»Lenk nicht vom Thema ab«, sagte Al. »Was habt ihr, du und das Sabberteil da drüben, mit meinem Mr. Maus gemacht?«

»Al, ich habe Mr. Maus nicht«, sagte Nöle. »Ich habe ihn nicht mehr angerührt, seit ich ihn mal knuffen wollte und du dann meinen Kauknochen in den Müll geworfen hast.«

»He«, sagte Töle. »Ich höre Schritte. Das bedeutet Frühstück.«

Tatsächlich erschienen zwei Paar menschliche Füße vor den Tieren. Sie gehörten zu Knall und Tüte, den beiden Dosenöffnern.

»Meine Güte, was hast du für ein Chaos angerichtet«, sagte die Frau, Tüte, zu Al. »Wieso liegen deine Spielsachen alle draußen verstreut?«

»Mrau-mrau-miau«, erwiderte Al und sprang aus der Kiste. Er beschloss, auf den Ernst der Maus-Lage hinzuweisen. Auf den Hinterbeinen stehend und sich in Tütes Kleid krallend, fügte er ein flehentliches, gefühlvolles »Mrauuuu-lll« hinzu.

»Dann räumen wir das hier mal auf, okay?« Tüte begann, die Spielsachen wieder in die Kiste zu legen.

»Ist die taub?«, fragte Al. »Ich habe doch gerade erklärt, dass Mr. Maus weg ist. Warum wählt sie nicht die 110? Ist die schnelle Einsatztruppe schon unterwegs, oder was?«

»Ich bin auch von der schnellen Truppe«, hechelte Töle. »Ich bin echt schnell.«

»Es wäre hilfreich, wenn dir jemand schnell mal ein bisschen Grips ins Hirn klatscht«, sagte Al. »Ich sehe schon, ich werde dieses Verbrechen allein aufklären müssen. Aber denkt daran« – er rieb den Kopf am nächstgelegenen Türrahmen –, »ich werde Mr. Maus finden, und wer immer ihn geklaut hat, wird den Tag noch verfluchen!«

Al stieß ein Lachen aus, das wie »Bua-ha-ha« klingen sollte, aber eher nach »Braaack-aaaaccck« klang, weil er gerade seinen morgendlichen Haarball hochwürgte. Unverzagt begab er sich auf die Suche, die nur von einem winzigen zweistündigen Päuschen auf seinem Lieblingssonnenflecken unterbrochen wurde.

Die Suche beginnt

Die Suche nach Mr. Maus begann am späteren Vormittag mit einem obligatorischen Haustier-Meeting im Spielzimmer. Al verlangte, dass das Obergeschoss durchsucht werden müsse. Er wies die Hunde an, jeden Winkel und jede Ecke zu durchforsten, keine Schublade geschlossen und keinen Teppich an seinem Platz zu lassen. »Findet Mr. Maus«, befahl Al. »Keine Essenspausen. Keine Jagd nach dem eigenen Schwanz. Nichts anderes ist wichtig. Erstattet mir Bericht, wenn ihr fertig seid.«

»Und was machst du, während wir suchen?«, fragte Nöle und schnappte nach einer Staubfluse.

Al funkelte ihn wütend an. »Glaubst du, eine Such- und Rettungsaktion plant sich von allein?«, fragte er. »Ich muss über Landkarten brüten, die Logistik ausknobeln und einen Helikopter für Notfälle chartern, und ich warte auf einen Rückruf vom Roten Kreuz wegen der Organisation der Blutspendeaktion.«

»Moment mal, besteht Mr. Maus nicht aus Baumwolle?«

»Das Blut ist für euch beide, als Ersatz für das, das ich euch abzapfe, wenn ihr Mr. Maus nicht findet«, sagte Al mit gesträubtem Schwanz. »Los jetzt!«

Nöle und Töle jagten die Treppe hinauf ins Gästezimmer. Nöle raste sofort an den Wänden entlang, während Töle auf das Bett sprang und mit den Kissen kämpfte, die sich zu bewegen schienen, wenn er sich auf sie stürzte. Nöle schnupperte an den Wäscheschubladen, Töle schaute hinter den Vorhängen nach. Schließlich drückten sie mit ihren Schnauzen die Schranktür auf und erschnüffelten ein Bustierkleid, ein Paar Elastanhosen und ein ausgeblichenes

Nikolauskostüm, das nach verschimmeltem Früchtebrot roch. Nach zwanzig Minuten war klar, dass Mr. Maus nicht in der Nähe war.

Während die Hunde oben suchten, starrte Al aus dem Fenster und dachte an Mr. Maus. Der redete zwar nicht viel, aber er war ein großartiger Zuhörer und schlug sich bei einem Streit immer auf Als Seite. Er hoffte, dass es Mr. Maus gutging und dass ihm jemand, wo immer er sich auch befand, sein tägliches Speichelbad geben würde. Al wandte sich vom Fenster ab, als die Hunde ins Zimmer zurückschlitterten.

»Bericht?«

»Sorry, Al«, sagte Nöle. »Kein Zeichen von Mr. Maus. Aber wir haben herausgefunden, dass unsere Menschen nicht so hip sind, wie wir dachten.«

»Dann suchen wir weiter«, ordnete Al an. »Ich werde den, der Mr. Maus genommen hat, zur Strecke bringen und töten – aber erst nachdem ich mit ihm gespielt und ihm dann suggeriert habe, er könne noch entkommen. Dann schlage ich überraschend zu und ...« Er verstummte und hob die Nase. »Nöle, worin hast du dich gewälzt? Du riechst wie verschimmeltes Früchtebrot.«

Nöle verdrückte sich verlegen hinters Sofa und zupfte sich rote und weiße Nikolausfäden aus dem Fell.

»Jedenfalls«, fuhr Al fort, »habe ich etwas entdeckt, während ich hier saß und auf euch beide gewartet habe.«

»Oh, hast du entdeckt, dass dir da was am Po hängt?«, fragte Töle und schielte hinter dem Sofa hervor. »Ich wollte schon früher was sagen, aber ich wusste nicht wie.«

Al warf dem Hund einen vernichtenden Blick zu. »Nein. Das wusste ich schon die ganze Zeit. Ich habe entdeckt, dass Mr. Maus mir das Gefühl gibt, geliebt zu sein.«

Nöle hörte auf, sich die Vorderpfoten zu lecken, und blickte auf. Das war nicht die Art von Statement, die man von Al kannte.

»Und da Mr. Maus mir das Gefühl gibt, geliebt zu sein, ist offensichtlich, dass Liebe etwas Äußerliches ist«, fuhr Al fort. »Deshalb muss Liebe von Dingen kommen, die man kaufen kann.«

»Hmmm, das klingt irgendwie nicht richtig«, sagte Nöle.

»Überlass das Denken mal lieber mir, Alter«, knurrte Al. »Hier, ich schreibe meine Erkenntnis auf den Fußboden, damit ihr in Ruhe darüber meditieren könnt.«

Und Al nahm ein Stück Kreide und schrieb:

JE MEHR SACHEN WIR HABEN, DESTO MEHR WERDEN WIR GELIEBT.

»Mann, ist das tiefsinnig«, sagte Töle und kam hinter der Couch hervor. »Ich werde jetzt gleich mal meine Spielsachen zählen, damit ich weiß, wie sehr ich geliebt werde. Wünscht mir Glück!« Er rannte weg.

Die Suche geht weiter

Die Suche nach Mr. Maus wurde nach dem Mittagessen fortgesetzt. Zu diesem Zeitpunkt machte sich Al bereits ernsthaft Sorgen um seinen Freund. Er schickte die Hunde ins Elternschlafzimmer und ins Bad, ins Wohnzimmer und in die Küche. Jedes Mal wenn Nöle und Töle zurückkamen und berichteten, dass von Mr. Maus jede Spur fehlte, versank Al noch tiefer in Trübsal und Verzweiflung. Es dauerte nicht lange, bis seine Niedergeschlagenheit den Menschen im Haus auffiel.

»Warum so deprimiert?«, fragte Tüte und streichelte Al. Sie verschwand in der Küche und tauchte gleich darauf mit Lachshäppchen in Gelee wieder auf, Als Lieblingssnack. Sie wedelte damit verführerisch unter seiner Nase herum.

»Ich bin zu deprimiert, um zu essen«, dachte Al, als der Duft der Lachshäppchen ihm in die Nase stieg. »Andererseits ... für die Suche nach Mr. Maus muss ich bei Kräften bleiben. Er würde es so wollen.«

Tüte beobachtete, dass Al das Lachshäppchen nicht ganz so begeistert schmatzend verschlang wie sonst. »Was ist los?«, fragte sie. »Weißt du was, warum spielen wir nicht mit Mr. Maus? Das heitert dich doch immer auf.«

Beim Klang dieses Namens spitzte Al die Ohren. Er hopste vom Fensterbrett und folgte Tüte aufgeregt maunzend von Zimmer zu Zimmer, während sie nach Mr. Maus suchte.

»Das ist komisch«, sagte sie zu Knall, als sie, Al auf den Fersen, ins Arbeitszimmer trat. »Ich finde Als Mausespielzeug nicht. Er lässt es normalerweise nicht aus den Augen.«

Die Erkenntnis traf Al mit der Wucht eines von der Autoscheibe abprallenden Eichhörnchens. Er raste ins Spielzimmer zurück, griff zur Kreide und schrieb:

WENN DU DIE SACHEN, DIE DU LIEBST, LOSLÄSST, PASSIEREN SCHLIMME DINGE.

»Was ist das?«, fragte Nöle, als er und Töle ins Zimmer kamen. Beide Hunde plumpsten mit hängenden Zungen auf den Fußboden. Es war ein langer Tag gewesen.

»Das ist eine neue Erkenntnis«, erklärte Al. »Ich begreife jetzt, dass ich immer hätte aufpassen müssen, wo Mr. Maus gerade ist. Aber das habe ich nicht, und nun ist er weg!«

Von seinen Gefühlen überwältigt, leckte Al sich ein paarmal stumm die Brust. Als er wieder sprechen konnte, fuhr er fort: »Wenn ich heute eines gelernt habe, dann das: Lass etwas, das du liebst, nie aus den Augen.«

Töle stand auf. »Entschuldigt mich«, sagte er mit belegter Stimme. »Ich glaube, ich brauche ein bisschen Auszeit mit meiner Knautschzeitung.« Er tapste aus dem Zimmer.

Nöle rollte sich herum und sah Al an. »Ich dachte immer, wenn man etwas liebt, soll man es loslassen«, sagte er.

»Ja, ja. Und wenn es nicht zurückkommt, jag ihm nach und friss es auf«, sagte Al. »Die Sprüche kennen wir alle. Entspann dich, okay?«

Gehorsam wie immer, tat Nöle genau das. Innerhalb von Minuten war er eingeschlafen und schnarchte.

Mitternächtliche Grübeleien

Al war entschlossen, nicht zweimal denselben Fehler zu machen. An jenem Abend schob er all seine Spielsachen zu einem Haufen zusammen und unterteilte sie in drei Kategorien. Die erste Kategorie bestand aus Dingen, die er sehr liebte, wie seine Haarbürste, den Katzentunnel und das ganze Spielzeug, das er den Hunden über die Jahre geklaut hatte. Auf dem zweiten Stapel lagen Sachen, die er mochte, aber oft vergaß, wie die mit Katzenminze imprägnierte Kratzmatte und seine Sammlung von Weihnachtsgeschenken – Turteltauben und Rebhühner mit Nikolausmützchen und dergleichen. Der dritte Stapel bestand aus Sachen, bei deren Anblick er die Leute, die sie ihm geschenkt hatten, am liebsten verhauen hätte. Warum zum Beispiel glaubte irgendwer, er hätte Spaß an einer großen braunen Aufziehmaus? Er hatte fast ein Schleudertrauma gekriegt, als Knall und Tüte dieses Monster zum ersten Mal in Gang gesetzt hatten.

Nach dem Abendessen verzogen sich die Hunde wieder ins Spielzimmer. Nöle und Töle wussten sofort, dass etwas im Busch war, als Al hinter der Tür hervorstürzte und sie hinter ihnen zuknallte.

»Verflixt noch eins, Al«, sagte Nöle, »du weißt doch, dass keiner von uns mit dem Türknauf klarkommt. Jetzt sitzen wir hier fest.«

Daran hatte Al nicht gedacht, aber er tat so, als wäre es ihm egal. Er lenkte die Aufmerksamkeit der Hunde auf die drei Spielzeughaufen.

»Seht ihr die«, fragte er sie, auf die ersten beiden Haufen deutend. »Die gehören mir. Nicht euch. *Mir*. Fasst sie nicht an. Nie.«

Dann stellte er sich vor den dritten Stapel. »Seht ihr die? Das sind Spielsachen, die ich nicht mag und mit denen ich nie spielen werde.«

Bei diesen Worten peitschte Töles Schwanz gegen den Fußboden. Er wartete seit Jahren darauf, mit der großen braunen Maus spielen zu dürfen.

Al grinste, als könne er Töles Gedanken lesen. »Ich spiele nicht mit ihnen, ich mag sie nicht, aber ihr dürft sie trotzdem nicht anfassen. Warum? Weil sie mir gehören. Kapiert?«

Töle nickte enttäuscht. Al schnurrte selbstzufrieden.

»Al, was ist das da?«, fragte Nöle. Er hatte eine neue Erkenntnis entdeckt, die mit Kreide auf den Boden gemalt war. Nöle las sie laut vor:

EINSCHÜCHTERUNG KANN ANDERE DARAN HINDERN, AN DEINEN SACHEN HERUMZUFUMMELN.

»O Mann.« Nöle schüttelte betrübt den Kopf und schlich mit schlackernden Lefzen zu Töle hinüber.

»Grrr. Das ist *meine* Ecke vom Spielzimmer. Hau ab. *Grrr*«, grummelte Töle. Er warf Al einen fragenden Blick zu. »Ist das einschüchternd genug?«

Al nickte. »Nicht schlecht.« Er überlegte. »Würde es dir schwerfallen, ein bisschen Tollwutschaum vor dem Mund zu produzieren?«

»Halt, Al!«, rief Nöle. »So geht das nicht. Gemein sein und Leuten Angst machen und Spielsachen horten bringt Mr. Maus nicht zurück. Nichts davon wird dir das Gefühl geben, geliebt zu sein.«

Töle, der noch immer die Zähne gefletscht hatte, hörte damit auf und hob den Kopf. »Okay, warte mal«, sagte er, »ich bin jetzt irgendwie echt verwirrt.«

Es machte ›Klick‹, und die Tür ging auf. Dankbar rannte Nöle aus dem Zimmer, gefolgt von dem verwirrten Töle. Knall und Tüte traten ein. Tüte versteckte etwas hinter ihrem Rücken.

»Hier, Katerchen«, sagte sie zu Al. »Schau mal, was wir

für dich gekauft haben.« Sie legte eine niegelnagelneue Mr.-Maus-Puppe vor Als Füße. »Schau doch mal! Da ist Mr. Maus!« rief sie und klatschte enthusiastisch in die Hände.

»Alles klar, Kumpel?«, fragte Knall und kraulte Al hinter den Ohren. »Geht's jetzt wieder besser?« Sie verließen das Spielzimmer.

Al schnupperte vorsichtig an dem neuen Mr. Maus. Er roch nach Pappe und Chemie, überhaupt nicht nach Speichel, Katzenhaar und Essensresten wie der alte Mr. Maus.

Al schubste den neuen Mr. Maus mit der Pfote an und machte einen Riesensatz, als das Spielzeug auf einmal laut quietschte.

»Was zum ...«, dachte Al. »Der alte Mr. Maus hat nicht geredet. Der alte Mr. Maus hat nur zugehört. Mir gefällt das überhaupt nicht. Aber vielleicht sollte ich dem neuen Typ trotzdem eine Chance geben.«

Al nahm seine traditionelle Mr.-Maus-Position ein, das heißt, er platzierte sein Hinterteil direkt auf Mr. Maus und rollte sich zu einem Nickerchen zusammen. Aber wie er sich auch drehte und wendete, er fand einfach keine bequeme Position. Außerdem nervte ihn das ständige Quietschen unter seinem Hintern.

»Der alte Mr. Maus hatte Knubbel an den richtigen Stellen«, dachte er. »Dieser neue Typ ist einfach schrecklich!« Gereizt schleuderte er den neuen Mr. Maus quer durchs Zimmer.

VERÄNDERUNG IST DOOF.
AKZEPTIERE KEINEN ERSATZ.

Die Nacht brach an, und Al rollte sich in einer Ecke des Spielzimmers zusammen. Er war traurig und fühlte sich einsam. Er fragte sich, ob Knall und Tüte wohl zusammen im Bett lagen. Er lächelte wehmütig, als er sich daran erinnerte, wie er und Mr. Maus manchmal aneinandergekuschelt am Fußende ihres Bettes geschlafen hatten. Hin und wieder hatte Tüte Mr. Maus in die Hand genommen und mit ihm an Als Rücken entlanggestrichen, so als ob Mr. Maus Al kämmen würde. Dabei hatten er und Mr. Maus sich immer schier totlachen müssen. In Als Augenwinkel bildete sich eine Träne.

Er robbte durchs Zimmer bis zu der Stelle, an die er den neuen Mr. Maus geschleudert hatte.

»Ich schlafe eigentlich lieber alleine«, sagte er zu ihm. »Aber weil es nun mal deine erste Nacht in deinem neuen Zuhause ist, schlafe ich heute neben dir. Gewöhne dich nur nicht daran.«

Er rollte sich um den neuen Mr. Maus herum zu einer Kugel zusammen und schlummerte bald friedlich ein.

Ein neuer Tag

Am nächsten Tag öffnete sich knarrend die Tür zum Spielzimmer, als Nöle und Töle sie aufdrückten. Das Erste, was ihnen ins Auge fiel, war Mr. Maus, der sich auf dem Fensterbrett zusammen mit Al in der Morgensonne aalte.

»Al, du hast Mr. Maus gefunden!«, rief Töle aus. Sein großer Schwanz peitschte aufgeregt hin und her.

Nöles scharfe Bassettnase verriet ihm etwas anderes. »Das

ist ein neuer Mr. Maus«, sagte er. Er hob fragend eine Augenbraue. »Ist das denn okay für dich?«

Al zuckte die Achseln. »Sagen wir einfach, ich hatte letzte Nacht noch ein paar Einsichten.«

»O nein«, ächzte Nöle.

»O ja«, jubelte Töle. »Ich habe schon so viel gelernt. Erzähl uns von deinen neuen Einsichten.«

»Also«, sagte Al, »wiederholen wir zuerst, was wir gestern gelernt haben.« Er deutete auf die Schrift auf dem Fußboden.

JE MEHR SACHEN WIR HABEN,
DESTO MEHR WERDEN WIR GELIEBT.

WENN DU DIE SACHEN, DIE DU LIEBST, LOSLÄSST,
PASSIEREN SCHLIMME DINGE.

EINSCHÜCHTERUNG KANN ANDERE DARAN HINDERN,
AN DEINEN SACHEN HERUMZUFUMMELN.

VERÄNDERUNG IST DOOF. AKZEPTIERE KEINEN ERSATZ.*
*ES SEI DENN, DU KANNST IHN DURCH ABLECKEN
UNTERWERFEN.

»Hast du die letzte Einsicht geändert?«, fragte Töle.

»Ich habe sie letzte Nacht geändert«, erwiderte Al, sein Vorderbein leckend. »Sie ist ziemlich brillant.«

»Machst du Witze?«, fragte Nöle. »Mir steht das Fell zu Berge.«

Al zog die Nase kraus. »Nach einer Überprüfung aller Einsichten habe ich entschieden, dass ich zwar den alten Mr. Maus immer lieben werde, aber dass in meinem Leben Raum für Neues ist, wenn ich beschließe, Raum zu schaffen.«

Nöle war hingerissen. »Das ist echt wahnsinnig schön, Al. Manche Menschen brauchen ein ganzes Leben, um zu erkennen, dass alles aus einem bestimmten Grund vom Fluss des Lebens zu ihnen hin und von ihnen weg getragen wird und dass die mutige Entscheidung, im Leben Raum für Neues und Unerwartetes zu schaffen, viele Türen zu persönlichem Wachstum und einem erfüllten Sein aufstoßen kann.«

»Was redest du da für einen Schwachsinn?«, fragte Al.

»Was ich meine – und ich wiederhole es für die *Laaaangsameren* in der Klasse«, dabei bedachte er Nöle mit einem stechenden Blick, »ist, dass es mir gefällt, wenn mir Leute neue Sachen kaufen. Fertig.«

»Das hast du aus alldem gelernt?«, fragte Nöle. »Dass Veränderung gut ist, solange dir Leute Sachen kaufen?«

»So ungefähr«, erwiderte Al. Er leckte den neuen Mr. Maus.

»Ich habe auch was gelernt«, meldete sich Töle.

»Na, Gott sei Dank hat irgendjemand irgendwas gelernt«, sagte Nöle. »Was hast du gelernt?«

»Ich habe gelernt, dass Nikolauskostüme wie Früchtebrot riechen und dass man nie mit Als Spielzeug rummachen darf.«

»Hervorragend, Töle«, schnurrte Al. »Ich hoffe, du hast auch gelernt, dass du dich von meinem Futternapf fernhalten sollst.«

»Dein Futternapf hat mit den letzten vierundzwanzig Stunden nichts zu tun!«, rief Nöle aus.

»Ich weiß. Deshalb erwähne ich ihn jetzt«, sagte Al. »Nähere dich ihm, und du wirst es bereuen.«

»Wow, ich fühle mich schon viel schlauer«, sagte Töle.

Aus der dunkelsten Ecke des Spielzimmers hinter dem Schreibtisch beobachtete ein glänzendes schwarzes Augenpaar die zankenden Tiere. Dort steckte der alte Mr. Maus und drückte sich noch tiefer in den Schatten. Er hatte monatelang an seinem Fluchtplan gearbeitet. Noch so ein widerliches Speichelbad von dieser gemeinen Katze, und er wäre vor Ekel gestorben. Der tapfere Kamerad, der ihn ersetzt hatte, tat ihm leid, aber er konnte es nicht riskieren, ihm zu helfen. Er brauchte seine gesamte Energie für die Operation »Vier Pfoten auf der Flucht«.

Mr. Maus hatte die Vorgänge der vergangenen Tage genau observiert, und er wusste, dass Al mit einem recht hatte: Veränderung machte Angst. Aber vielleicht würde sich die Veränderung eines Tages zu seinen Gunsten auswirken. Vielleicht würde ihm das Schicksal sogar eine Mrs. Maus oder, noch besser, ein Stück Käse vor die Füße werfen. Bis dahin würde er ein Weilchen schlafen und sich in Geduld üben und auf die perfekte Gelegenheit warten, den nächsten Schritt in die Freiheit zu unternehmen, die irgendwo da draußen auf ihn wartete.

ENDE

Kein Stress wegen Kleinkram ... aber dreh durch, wenn sich plötzlich etwas bewegt

Allzu oft sind es die kleinen Dinge im Leben – halb verdaute Haarknäuel, Wiederholungen von Tierdokus, Krallen, die einfach keine blutigen Striemen hinterlassen wollen –, die dich in den Katzenjammer treiben. Aber bevor du deine Hoffnung auf eine bessere Zukunft neben dem Lieblingsspielzeug von Wauzi im Garten vergräbst, warte einen Moment. Schon durch kleine Veränderungen im Alltag kannst du dein Leben verschönern. Der Stress lässt sich durch einfache Strategien reduzieren. Wir denken da an: »Werde zum Frühaufsteher – und zwinge andere, es dir gleichzutun« oder »Starre Fremden grinsend in die Augen, bis du sie unterworfen hast«. Mit Hilfe der folgenden zwanzig Gelassenheitsstrategien wird die zappeligste ADS-Katze Ruhe finden, sich gehegt und gepflegt fühlen und bereit sein, der Welt mit neuem Selbstbewusstsein entgegenzutreten.

1. Sei dir selbst ein Freund

Kleine Freundschaftsbeweise ganz nebenbei sind eine wunderbare Möglichkeit, geerdet zu bleiben und sich für die vielen Segnungen des Lebens dankbar zu erweisen. Wie sieht ein solcher Freundschaftsbeweis aus? Gönne dir eine Dose Hundefutter de luxe. Hol dir ein Stück Garn von Oma und verstecke es für Notzeiten. Leg dich nachts mitten aufs Bett, so dass deine Menschen sich am Rand fest-halten müssen. Alle Handlungen, mit denen du dir etwas Gutes tust, senken deinen Stresspegel und erinnern die anderen an deine Wichtigkeit.

2. Das Leben ist ungerecht – na und?

Die Tatsache, dass das Leben ungerecht ist, ist manchmal schwer zu schlucken (ein Schlückchen Ziegenmilch oder eine Dose Ölsardinen helfen beim Herunterspülen). Doch früher oder später blicken wir alle in den Spiegel, und die nackte Wahrheit starrt uns ins Gesicht: Wir sind Katzen. Wir sind die Größten. Akzeptiere die Vorstellung, dass du anderen unendlich überlegen bist. Erst wenn du diese uni-verselle Wahrheit in dein Leben einlässt, kannst du ande-ren helfen, sich mit ihr anzufreunden.

3. Wird es heute in einem Jahr noch von Belang sein?

Allzu oft lassen wir zu, dass wir uns schlecht fühlen und uns in Schuldgefühle verrennen. Gegen negative Miaus gehst du am besten an, indem du dich fragst: »Wird es heu-te in einem Jahr noch von Belang sein?« Nehmen wir an, du schaffst es nicht bis zu deinem Lieblingsplätzchen auf dem Teppich und würgst das Trockenfutter auf die neue weiße Bettdecke. Vermutlich ist die in einem Jahr sowieso nur noch ein zerfledderter Lumpen voller Katzenhaare; hat dein Handeln ihr also wirklich geschadet? Nein. Sorge dich nicht – lebe!

4. Sag jeden Tag mindestens einer Person, was du an ihr magst, bewunderst oder schätzt

Die Fähigkeit, in anderen das Gute zu sehen und sie wertzuschätzen, führt dazu, dass man das Gute auch in sich selbst findet und wertschätzt. Mach ein Kompliment, das von Herzen kommt, und sonne dich in der Dankbarkeit, die auf dich zurückfällt. Hier sind ein paar Beispiele für Komplimente:

- »Es gefällt mir, dass ich morgens nur ein kleines Weilchen auf deinem Gesicht herumtrampeln muss, bevor du aufstehst und mich fütterst.«

- »Dein Pulli sieht toll aus, wenn tausend Fäden so hübsch heraushängen.«
- »Ich bewundere deine Bereitschaft, mein Klo sauberzumachen. Ich könnte nie so tief sinken.«

Mach dir keine Gedanken, dass du andere mit deiner Großherzigkeit in Verlegenheit bringen könntest. In den meisten Fällen werden ihnen deine Komplimente die Tränen in die Augen treiben.

5. Hör auf, die Pfote des Vorwurfs zu erheben

Hör auf, anklagend die Pfote zu erheben – und auf dich selbst zu deuten. Du solltest *immer* anderen die Schuld geben, wenn etwas schiefgeht. Das ist wahre Fehlerverarbeitungskultur. Was nützt es, wenn du Ärger bekommst? In die Garage gesperrt zu werden ist unwürdig. Okay, du hast die Usambaraveilchen durchs Zimmer gepfeffert. Na und? (Nicht deine Schuld. Die Usambaraveilchen haben angefangen.) Um zu vermeiden, dass man dich für den Dreck verantwortlich macht, schmierst du Erdnussbutter auf ein Usambarablatt, rufst den Hund ins Zimmer und lässt der Natur ihren Lauf. Klopf dir auf die Schulter, weil du zu seiner psychischen Reifung beigetragen hast. Was wäre das Leben ohne seine Anfechtungen und die aus ihnen resultierenden Lernprozesse?

6. Starre Fremden grinsend in die Augen, bis du sie unterworfen hast

Selbstbewusste Katzen sausen nicht unters Bett, wenn die Türglocke klingelt oder fremde Schritte durch den Flur hallen. Im Gegenteil, sie gleiten ins Zimmer, um (mindestens) die ihnen gebührende Aufmerksamkeit einzufordern. Zur Begrüßung der neuen Freunde (die dir herzlich egal sind), setzt du dich direkt vor sie hin, suchst ihren Blick und starrst sie an, bis sie entweder den Blick abwenden, unruhig auf dem Hosenboden herumrutschen oder in Tränen ausbrechen. Von da an kannst du dich an ihren Beinen reiben und damit zu verstehen geben, dass sie und alle ihre Verwandten auf ewig in deinen Besitz übergegangen sind.

7. Werde zum Frühaufsteher – und zwinge andere, es dir gleichzutun

Die beste Art, den Tag zu beginnen, ist: früh aufstehen, ein Weilchen meditieren, den Sonnenaufgang genießen und darüber nachsinnen, auf welch vielfältige Weise du andere mit deiner Gegenwart erfreust. Nimm dir den Morgen als Zeit für dich, bevor der Trubel losgeht und du Glöckchen jagen, Vögel beobachten und auf Sonnenstrahlen ausruhen musst. Es ist nicht unvernünftig, um drei oder vier Uhr früh munter zu werden. Natürlich kann man nicht erwarten, dass du den Tag ohne frisches Essen und Wasser beginnst. Es empfiehlt sich, als Teil deines Morgenrituals auf die vollen Blasen deiner Lieben zu treten, bis sie sich aus dem Bett rollen und dir die erforderliche Nahrung geben. Sie mögen versucht sein, danach wieder ins Bett zu fallen, aber das kannst du verhindern, indem du dich in der warmen Kuhle zusammenrollst, in der sie gelegen haben. Eine Morgenmeditation kann man durchaus auch im Warmen durchführen. Deine Menschen werden es dir danken, dass du sie so früh auf Touren gebracht hast.

8. Schreib deine fünf unverrückbarsten Grundsätze auf und überlege, ob du sie aufweichen kannst

»Alle Hunde sind blöd.« »Der Staubsauger nervt.« »Eichhörnchen sind verrückt.« »Der Klang beim Öffnen einer Fischdose ist reinster Mozart.« »Katzenminze macht nicht süchtig, und ich esse sie sowieso nur aus medizinischen Gründen.«

Wir alle klammern uns an festgefügte Überzeugungen. Doch es ist ein Zeichen für Aufgeklärtheit, wenn wir unsere Grundannahmen überprüfen und vielleicht sogar neu definieren. Formuliere also »Alle Hunde sind blöd« neu, und zwar so: »Die *meisten* Hunde sind *wahrscheinlich* blöd.« Damit lässt du die winzige Möglichkeit offen, dass du eines Tages unter Umständen einen treffen könntest, der kein kompletter Idiot ist. Auch den Satz »Fliegengittertüren sind zum Hochklettern da« kann man umformulieren zu … na ja, dieser Satz ist gewissermaßen in Stein gemeißelt. Aber du verstehst, was ich meine.

9. Denke ökologisch

Weißt du, wie viele leere Klopapierrollen einfach so weggeworfen werden? Haben Menschen überhaupt keine Phantasie? Keine kreativen Impulse? Damit sie den Wert von Mutter Erde erkennen, verteile beliebig viel Müll im Garten und zeige ihnen, wie eine simple Papiertüte zu einer Festung, einem Umhang oder einem Versteck für den Lieblingsknochen des Hundes werden kann.

10. Sorge für eine Pflanze

Such dir eine Pflanze und liebe sie bedingungslos. Geh täglich zu ihr und reibe dich an ihr. Bewässere sie mit der einen Methode, die dir zu Gebote steht. Grabe ihre Erde um, wie du es im Katzenklo machen würdest. Auch wenn es dich reizen würde – friss sie nicht! HE: DU SOLLST DIE PFLANZE NICHT FRESSEN. SPUCK SIE AUS. SOFORT. Die Pflanze symbolisiert eine Reise in den inneren Frieden und – ICH HABE DAS GENAU GESEHEN. DU HAST SIE ABSICHTLICH UMGEWORFEN, STIMMT'S? – in den inneren Frieden – und HE. LASS SIE LOS. WIR HÄNGEN NICHT AN DINGEN, DIE WIR LIEBEN. Weißt du was? Vergiss die Pflanze. Such dir ein hübsches Quietschspielzeug und sorge für das.

11. Weigere dich zu apportieren

Apportieren ist ein lateinisches Wort und bedeutet »albern aussehen, weil man hinter etwas herrennt, als wäre es lebendig, sich umdrehen und den ganzen Weg zurücklaufen«. Katzen sprechen kein Lateinisch, und deshalb ist das Wort nicht im Katzenwortschatz enthalten. Das hindert Menschen jedoch nicht daran, Klingelbällchen durch den Flur zu werfen oder dir mit Spielzeugmäusen vor dem Gesicht herumzufuchteln. Denk daran: Du musst nichts tun, was du nicht tun willst. Entspann dich. Lass dich fallen. Schau in die andere Richtung und ignoriere die kläglichen Versuche, dich neugierig zu machen. Apportieren? Also bitte! Die Spielzeugmaus ist morgen auch noch da.

12. Kümmere dich um deine eigenen Angelegenheiten. (Es sei denn, etwas wird bewegt, verändert oder irgendwie umgemodelt. In einem solchen Fall musst du sofort ermitteln.)

Es fällt Katzen schwer, sich um ihre eigenen Angelegenheiten zu kümmern, denn das ganze Leben *ist* ihre Angelegenheit. Deshalb hast du auch Haus, Hof, Küchenmöbel und das Gitter auf dem Aquarium ständig im Blick. Scheue dich nicht, in Spülbecken zu klettern, Matratzenfedern zu testen und vom Kühlschrank aus die Küche zu observieren, um immer auf dem Laufenden zu sein. Hausgäste erfordern eine spezielle Überwachung, weil sie unerwünschte Änderungen herbeiführen könnten. In diesem Fall musst du undercover tätig werden und jeden Zentimeter ihres Koffers untersuchen, möglichst, während die Kleider noch darinliegen. Hast du dann jeden Gegenstand, der in die Wohnung gebracht oder umgestellt wurde, belagert, beschnuppert, abgeleckt, beklopft, zerkratzt und besiegt, kannst du dich wieder aus verächtlicher Distanz deinen eigenen Angelegenheiten widmen.

13. Hör auf zu glauben, dass mehr besser ist

Mehr ist *das Beste* überhaupt! Mehr Trockenfutter! Mehr Spielsachen! Mehr Ablage im Katzenklo! Je mehr du hast, desto glücklicher wirst du sein. Die TV-Verkaufsshows um Mitternacht lügen nicht. Auch wenn dein Zimmer schon mit unberührtem Katzenspielzeug vollgestopft ist, musst du noch lange nicht auf das neueste Activity Fun Center verzichten, das wie eine Maus in Todesnot quietscht, wenn du es von Zimmer zu Zimmer trägst. Wer mit den meisten Spielsachen stirbt, hat gewonnen. Lass dich bloß nicht von diesem verblödeten Siamkater von nebenan übertrumpfen. Horte alles und hoffe darauf, dass es möglich ist, dir den Weg in den Katzenhimmel zu erkaufen.

14. Sag dir immer wieder: Das Leben ist kein Ernstfall

Aber eigentlich wissen Katzen das schon längst. Weiter so!

15. Im Zweifelsfall: Jagen!

Wenn du unruhig oder nervös bist, fixiere einen Gegenstand im Raum, zum Beispiel einen Schnürsenkel, den Hund oder eine Staubfluse und randaliere ein bisschen. Schleich dich an, stürz dich drauf und – falls es sich wehrt – jage es den Flur entlang und mach es fertig.

16. Übe das Leben im Auge des Sturms

Das Auge des Sturms ist das stille Zentrum eines Hurrikans oder Tornados. Im Idealfall bist du der ruhende Pol im Zentrum des Chaos. Natürlich heißt das, du musst erst ein wenig Chaos anrichten. Du kannst über eine Vase stolpern, vom Sofa aus den Hund attackieren oder die Erdumlaufbahn ändern, indem du in der Gegenrichtung im Kreis herumrennst. Ist das Chaos erst einmal angerichtet, rase zu deinem bevorzugten Sonnenfleckchen, lass dich fallen und setze dein Zen-Gesicht auf. Wenn sich deine Menschen nähern und dich fragen, wo du warst, als der Christbaum umfiel, öffnest du mühsam ein schläfriges Auge: »Hä? Wovon redet ihr? Ich war den ganzen Tag hier.«

17. Sei bereit, von Freunden, Verwandten und Katzen zu lernen

Alle Wesen in deinem Leben existieren, weil sie dir etwas beibringen sollen. Sieh dir beispielsweise den Wellensittich an, der in seinem Käfig ein fröhliches Liedchen trällert.

Von ihm kannst du Tapferkeit und eine positive Lebenseinstellung angesichts drohender Verkostung lernen. (Es ist nur eine Frage der Zeit, bis du herausfindest, wie du die Entfernung zwischen der Vitrine und dem Käfig überwindest.) Der Hund weiß, wie man die Tür des Schränkchens, in dem die Hundekuchen liegen, mit der Schnauze aufdrückt. Lerne von ihm, obwohl er nicht so schlau ist zu warten, bis keiner hinguckt. Wer hat's erfunden? Na eben.

18. Freunde dich unbeirrt mit Katzenhassern an

Wenn dein »Anti-Katzen«-Radar anspringt und dir meldet, dass ein Katzenhasser in der Nähe ist, renne sofort zu der bedauernswerten Person, spring auf ihren Schoß und hinterlasse jede Menge Haare auf ihrer Kleidung (gemäß der Theorie: wenn Menschen erst einmal aussehen wie du, müssen sie dich lieben). Du kannst auch versuchen, sie mit den Pfoten niederzutrampeln. Wenn er oder sie dich zur Seite schiebt, setzt du dich wie ein Geier auf die Armlehne des Sessels, auf dem die Person sitzt, und starrst auf ihren Hals. Sie wird deinem Charme nicht widerstehen können. Bald werden ihre Schutzmechanismen nachgeben, und sie wird Wachs in deinen Pfoten sein.

19. Hinterlasse Spuren für die Nachwelt

Markiere alles mit deinem Geruch. Sofas, Türrahmen, Kissen, Griffe, Besucher – nimm alles in Besitz. Sei vorsichtig, wenn es ums Teilen geht. Hast du deinen Menschen ein- oder zweimal ins Bett oder auf die Couch gelassen, riecht es dort nach ihm ... und er wird glauben, dass das Ding ihm gehört.

20. Schließ Frieden mit menschlichen Unvollkommenheiten

Mach dir nichts vor: Menschen sind fehlbar. Du verfällst in selbstschädigendes Verhalten, wenn du sie an Katzenmaßstäben misst. Du hast sie doch morgens vor ihrer ersten Tasse Kaffee gesehen – es ist eben nur begrenztes Rohmaterial vorhanden, mit dem man arbeiten kann. Liebe sie, diese herzigen, wohlmeinenden, unbedarften Geschöpfe, und sie werden so gut wie alles für dich tun.

KAPITEL 6

Nette Katzen sitzen nicht im Chefsessel

Uns ist schleierhaft, warum Menschen so wild darauf sind, sich stundenlang mit ihren Büromiezen an einen Ort namens Sitzungszimmer zurückzuziehen und Kuppelprodukte zu erörtern, obwohl natürlich die Anwesenheit des Laserpointers, das Gerede von Löwenanteilen, Mäusemachen und Aufholjagden die Sache irgendwie spannend klingen lässt. Um herauszufinden, was Menschen mit ihrer Zeit anfangen (und um die Hypothese zu belegen, dass die Antwort »nicht viel« lautet), schleichen sich Katzen landesweit unauffällig in die Geschäftswelt ein, schlafen auf Tatzaturen, verstopfen Drucker mit Manager-Ego-großen Haarknäueln und schreddern sämtliche Memos, die ihnen missfallen.

Katzen haben einen sechsten Sinn für Geschäfte auf operativer Ebene, am liebsten ihre eigenen, die sie direkt vor dem Raucherzimmer verrichten. Sie lieben es, sich in die Angelegenheiten anderer einzumischen. Das macht sie zu idealen Wirtschaftsspionen, Personalentwicklern und Angehörigen des mittleren Managements, denn sie schauen den Angestellten nicht nur über die Schulter, sondern sitzen sogar stundenlang darauf und sorgen dafür, dass die Arbeit erledigt wird.

Wenn du eine Katze bist, die gerne Konkurrenten attackiert, als wären sie mit Katzenminze parfümierte Backenhörnchen, musst du deine Trickkiste auffüllen und den Leuten zeigen, dass du es ernst meinst. Mit anderen Worten: Gib nie auch nur eine Schnurrhaarbreite nach. Mit der folgenden Checkliste kannst du herausfinden, welche Bereiche deines CEO (Chefkatze erwartet Ovationen)-Repertoires noch eine Spur optimiert werden sollten. Lecke alle zutreffenden Punkte an.

— Ich werde oft als »manipulativ«, »rechthaberisch« oder »echt gemein« beschrieben.
— Ich gebe selten nach, es sei denn, eine Wasserpistole ist im Spiel.
— Ich zögere nicht, jemandem auf die Füße oder auf den Kopf zu treten (besonders nachts um drei, während er oder sie schläft).
— Die einzige Politik der offenen Türen, die ich kenne, ist, dass *mir* jede Tür offen steht.
— Ich bin dafür bekannt, dass ich meine Meinung offensiv vertrete und bereitwillig jeden kratze oder als Matratze benutze, der nicht meiner Meinung ist.
— Ein Blick auf mich genügt, und jeder weiß: Diese Katze fühlt weder Mitleid noch Reue, noch Schmerz.
— Ich halte viel vom Inside-the-Box-Denken, besonders wenn es sich um Kartons oder Einkaufstaschen handelt, aber eine Schublade in der Betriebsküche geht notfalls auch.
— Ich besitze eine stark ausgeprägte Verhandlungskompetenz auf internationaler Ebene. Englische Doggen, japanische Kampffische und sibirische Zwerghamster knicken vor mir ein.
— Das Wort »Kompromiss« existiert in meinem Wortschatz nicht.
— Ich betrachte die meisten Angestellten als Kauknochen – nein, pardon – als wertvolle Humanressource.

Haha, kleiner Scherz, natürlich betrachte ich sie als Kauknochen.

Wenn du dir diese Liste angesehen, dich sofort auf sie gesetzt, sie markiert und anschließend deinen Pudel-Praktikanten gerufen hast, um die Bescherung wegzuwischen – Gratulation! Du bist keine nette Katze, und wir können dir nichts mehr beibringen. Wenn du allerdings die Anweisungen tatsächlich ausgeführt hast, musst du noch viel lernen. Lies weiter.

Es ist höchste Zeit, dein Leben nicht mehr nach den Bedürfnissen anderer auszurichten. Führe dir vor Augen, was tagtäglich von dir verlangt wird: Lass den Drucker in Ruhe, haare mir nicht das Kostüm voll, spuck den Radiergummi aus, runter von meinem Kopf, und so weiter.

Als nette Katzen reißen wir uns schier ein Bein aus, um anderen zu gefallen (womit wir ein, zwei tadellose Leben verschwenden), und leben nach Regeln, die dem Lifestyle, Temperament und Wellnessprogramm von Katzen nicht im mindesten entsprechen. Schluss damit. Schüttle die Ketten der Domestizierung ab und kehre zu deinem angeborenen »Ich fresse dich und deinen ganzen Clan, wenn's sein muss«-Wurzeln zurück. Ab heute wirst du allen zeigen, wer im Chefsessel sitzt.

Selbstbehauptung

Beschreibe anhand der folgenden Skala dein Verhalten am Arbeitsplatz. Sei ehrlich. Vergiss nicht: Eine einzige Schmusenummer reicht, und die Leute werden dich befördern.

1 = Trifft weniger zu, 2 = Trifft manchmal zu, 3 = Trifft fast immer zu

1. Regeln sind etwas für verweichlichte Stubentiger. _____

2. Ich bringe jeden dazu, mich zu streicheln – falls mir danach ist. _____

3. Ich kann meine Leistungsfähigkeit in den zwanzig bis dreißig Minuten, die ich pro Tag wach bin, realistisch einschätzen. _____

4. Man schätzt mich auf Grund meiner Beiträge zum Backside Controlling, vor allem aus Gründen meiner extremen Flexibilität. _____

5. Ich habe keine Angst, zur Psychokatze zu werden, wenn es die Situation erfordert. _____

6. Ich bin prinzipiell bereit, Kritik anzunehmen, nur mache ich eben nie Fehler. _____

7. Ich kann länger beleidigt sein, als ich eine tote Maus im Maul halten kann. _____

8. Ich kann nachhaltig die Aufmerksamkeit auf mich lenken, und zwar so: Mrau-mrau-mrau-mrau-mrau-mrau-mrau-mrau-mrau. _____

9. Es ist besser, um Verzeihung zu bitten als um Erlaubnis. _____

10. Um Verzeihung oder Erlaubnis zu bitten, ist etwas für Underdogs. _____

11. Ich beherrsche jeden Konferenztisch, indem ich lässig über die Papiere aller Anwesenden schlendere, als ob ich nicht wüsste, was ich tue. _____

12. Aktenkoffer sind Schlafplätze (oder für dringende Geschäfte, falls das Personalklo gerade gereinigt wird). _____

13. Wenn mir nicht gefällt, was jemand sagt, verlasse ich den Raum, während er oder sie noch redet. _____

14. Wenn ich andere als Zeitverschwendung betrachte, werfe ich mich vor ihre Füße und verfalle in Schockstarre. _____

15. Ich stehle Ideen und alles, was die anderen aus Dummheit herumliegen lassen. _____

16. Ich bin knallhart und starre alle nieder, es sei denn, ich höre den elektrischen Dosenöffner. _____

17. Ich nehme mir jeden Tag Zeit für – rrrrrrr rrrr– äh, wie? Was? _____

18. Face-to-face-Time definiert man am besten als die Zeitspanne, in der ich mit meinem Schwanz über das Gesicht des Kunden wische. _____

19. Wenn ich jemand ungewollt kränke, kümmert mich das wenig. *Mein* Leben wird das wahrscheinlich kaum beeinträchtigen. _____

20. Ich habe kein Problem damit, mich auf eine höhere Position befördern zu lassen oder einen falschen Hund zu verpfeifen. _____

21. Meine Hygienestandards sind über jeden Zweifel erhaben. _____

22. Der Begriff Umlauf bezieht sich auf meinen Weg um die Beine der Angestellten. _____

23. Gehaltserhöhungen richten sich danach, wie intensiv jemand nach Fisch riecht. _____

24. Ich feuere alle, die meine geistige Gesundheit in Zweifel ziehen, nur weil ich ab und zu durch den Flur rase, als ob mein Schwanz Feuer gefangen hätte. (Oh, verdammt, er brennt doch nicht, oder?) _____

25. Mein Bauch ist eine Tabuzone. Wie die Zigarette auf dem Werbeplakat ist er dazu da, dich in Versuchung zu führen. Nur gucken, nicht anfassen! Mein Bauch gehört mir. _____

Ergebnis

Hast du gar nichts begriffen? Was haben wir gerade eben über Fragebögen gesagt? Böse Katze! Aber wenn du nicht eingeknickt bist und den Test brav gemacht hast, hier deine Ergebnisse:

25 Punkte: Schlimm, schlimm, schlimm. Treibst du dich zu viel mit Hunden herum? Benimm dich endlich wie eine Kampfkatze, oder wir schicken die Rattenjäger-Mafia vorbei, und Rocco »Kamikatze« Mäusetöter wird sich um dich kümmern.

26–39: Du nennst dich den Schrecken der sieben Hinterhöfe ...? Man lacht über dich, und nicht nur, weil du so niedlich aussiehst, wenn du dich an dein Glöckchen anschleichst!

40–50: Du bist ein klassischer Fall von Übersozialisation. Das Leben einer verwöhnten Hauskatze hat seine Vorzüge, solange du deinen Leuten ab und zu den Tiger in dir zeigst. Katzen wurden einst als Gottheiten verehrt. Sorge dafür, dass unsere Gesellschaft sich auf diese Wurzeln besinnt.

51–64: Du hast deine guten Momente – eine unerwartete Attacke hier, ein schneller Hieb auf den Knöchel dort –, aber du brauchst mehr Selbstvertrauen. In dir steckt ein knallharter Draufgänger, der herauswill. Etwas Arbeit am Detail und ein, zwei Lines Katzenminze auf der Cheftoilette reingezogen, und du kriegst noch die Kurve!

65–75: Pfote hoch! Du bist ein ganz übler Satansbraten.

Der Unterschied zwischen Katzen und Hunden am Arbeitsplatz

Es gibt einen guten Grund, warum die Substantive in Ausdrücken wie »neunschwänzige Katze« und »begossener Pudel« nicht beliebig austauschbar sind. Für diejenigen, die dumm genug sind, hündischen Instinkten wie Treue, Vertrauen und Ehre zu folgen – viel Glück damit. Für uns andere, die wir die Geschicke der Welt lenken, ist der folgende kleine Leitfaden gedacht. Er handelt davon, warum Katzentricks immer über eine solide Arbeitsmoral triumphieren werden.

HUND: Tu, was man dir sagt, ohne Fragen und für wenig oder keinen Lohn.
KATZE: Reagiere auf jede Forderung mit einem langsamen Zuklappen der Augenlider und schreite dann schweigend mit schwingendem Schwanz den Flur entlang, wobei du die Leute im Unklaren lässt, ob du sie gehört hast.

HUND: Eine positive Einstellung versetzt Berge. Begrüße alle mit einem Schwanzwedeln und lecke sie ab.
KATZE: Hinterlasse eine blutige Kratzspur auf jedem, der deine Autorität in Frage stellt.

HUND: Wenn dich der Chef bei einem vorher vereinbarten Termin über eine Stunde warten lässt, sei nicht verärgert und begrüße ihn, als hättest du ihn ein Jahr nicht gesehen.
KATZE: Wenn jemand auch nur für Sekunden den

Raum verlässt, starre ihn bei seiner Rückkehr an, als hättest du ihn noch nie im Leben gesehen. Dann ruf den Sicherheitsdienst, melde einen Eindringling und lass ihn abführen.

HUND: Ich hoffe, meine Mitarbeiter mögen mich.
KATZE: Ach was, andere arbeiten auch hier? Dann soll mir gleich mal einer ein Nagetier liefern, aber pronto.

HUND: Die Menschen sind Herz und Seele unseres Unternehmens.
KATZE: Ich finde es gut, dass so viele Lakaien im Flur herumlungern. Das macht es mir viel leichter, die Karriereleiter hinaufzuklettern, indem ich ihre Köpfe und Schultern als Sprungbretter für meinen kometenhaften Aufstieg benutze.

HUND: Was, schon Feierabend? O nein! Ich halte es nicht aus, dich bis morgen nicht zu sehen. Sollen wir heute Abend was zusammen machen? Willst du? Ja? Ja?
KATZE: Weckt mich um 16.59 Uhr, damit ich pünktlich aus diesem Dreckloch rauskomme, okay?

HUND: Was, ich? Eine Beförderung? Das kommt so unerwartet! Danke für dein Vertrauen! Ich werde dich nicht enttäuschen. Ich würde auch umsonst hier arbeiten, weißt du.
KATZE: Ich habe mich gerade zum König gekrönt. Deine neue Funktion ist Hofnarr, und ich will, dass du eine Woche lang nonstop »Mister Mistoffelees« summst, sonst bist du gefeuert.

Selbstbewusst, willensstark und manipulativ (aber trotzdem ein echter Hingucker) – du bist die Katze, an die sich
die Menschen ranschmeißen. Du bist daran gewöhnt,
dich durchzusetzen, und gehst in Grundfragen keine fau-
len Kompromisse ein. Wir gratulieren dir dazu, dass du
dich mit Zähnen und Klauen zur Spitze hochgekämpft
hast.

Neun Fehler, die Katzen unterlaufen, und wie man sie ausbügelt, ohne dass es jemand merkt

Sollte das Ergebnis des Selbstbehauptungstests ein sub-
optimal ausgebildetes Näschen für feindliche Übernah-
men erkennen lassen, ist es an der Zeit für neue Strategien.
Sieh dich um: Bekommst du den Anteil, der dir gebührt?
Wer hat das größte Büro? Den weichsten Sessel? Wer kon-
trolliert die Verteilung der Dosen und Snacks? Warum
weigert sich die Buchhaltung, die Maus, die du erlegt hast,
als Aktivposten zu verbuchen? (Klar doch, ganz plötzlich
haben diese Leute Skrupel wegen der Firmenethik! Haha,
wer's glaubt.)
Wenn nicht du derjenige bist, der das Sagen hat, läuft
irgendetwas komplett schief. Unten haben wir die neun
Hauptfehler aufgeführt, die Katzen am Arbeitsplatz unter-
laufen, und daneben praktische Tipps, wie sie dieses un-
kätzische Verhalten modifizieren können.

Hunde arbeiten. Katzen drücken sich. Deine einzige Rolle in der Belegschaft besteht darin, zu entscheiden, was geleistet werden muss, und es dann um jeden Preis zu meiden.

Praxistipp:

- Praktiziere MDS – Management durch Stolzieren. Wenn du ständig im Kreis herumläufst, bist du schwer zu fassen. Sollte jedoch die Person, die dir Arbeit zuteilen will, zu nahe kommen, dann nichts wie weg.
- Ertappt man dich bei einem Schläfchen, erkläre, dass du dich mitten in einer 360-Grad-Evaluation befindest. Drehe dich einmal im Kreis, leg dich wieder hin und schlaf weiter.
- Trage immer eine Zeitung bei dir und behaupte, du seist gerade auf dem Weg zum Katzenklo, um dort etwas zu deponieren. Man wird einen großen Bogen um dich machen.

Fehler Nr. 2: Feedback akzeptieren

Du bist eine Katze. Du akzeptierst niemals Kritik. (Als wäre irgendjemand qualifiziert, dich zu beurteilen!)

Praxistipp:

- Gib vor, an deiner Persönlichkeitsentwicklung interessiert zu sein. Tu so, als würdest du die Anregungen der anderen auf gelben Zetteln notieren, und schreibe in Wirklichkeit darauf: »Ich bin besser als du.« Klebe sie an ihre Computer.

- Vermeide es, Ziele zu definieren. Es gibt Besseres zu tun, als seine Zeit mit Selbstevaluation zu verbringen.
- Zum Beispiel ein Nickerchen unter dem Schreibtisch.

Fehler Nr. 3: Ein schlapper Pfotendruck

Aha! Heikles Thema. Katzen sollten sich nie dazu herablassen, die Pfote zu reichen, etwas zu holen oder ein anderes »Kunststück« vorzuführen, durch das man sie für einen dressierten Büroskaven oder gar – (Gott behüte!) – für einen Hund halten könnte.

Praxistipp:

- Will dich jemand mit Futter bestechen, damit du Männchen machst, redest oder Ähnliches tust, starre ihn fragend an, als verstündest du nur Latein. Dann krall dir das Futter und lauf.
- Sollte es nicht zu vermeiden sein, dass du Hände schüttelst, fahr die Krallen aus und hau rein. Wer zuerst loslässt, hat verloren.

Fehler Nr. 4: Quid pro quo

Das Motto »Kraulst du mich am Rücken, dann kraule ich dich am Rücken«, auch *Quid pro quo* genannt, sollte im Leben einer Katze vermieden werden. Die gängige Katzenregel lautet: »Kraul mich am Rücken, und wenn du damit fertig bist, ist die Sache erledigt.«

Praxistipp:

- Im Umgang mit Katzen sollten die Leute lernen, das Prinzip des Gewährleistungsausschlusses oder »Der Krauler trägt die Konsequenzen« zu berücksichtigen.

Denk daran: Selbst einen schriftlichen Vertrag kannst du immer noch zerfetzen, und niemand wird beweisen können, dass es ihn gab.

- Hat man dich durch Tricks dazu gebracht, einen Vertrag zu unterschreiben, der dich zur Arbeit verpflichtet, bepinkle ihn. Katzenurin wird von den meisten Gerichten als universeller Beleg für die Ungültigkeit jeglicher Vereinbarung angesehen.

Fehler Nr. 5: Geliebt werden wollen

Der Wunsch, geliebt zu werden, ist unter Katzen stärker verbreitet, als man meint. Gegen ein wenig Seele ist ja auch nichts einzuwenden. Du musst nur aufpassen, denn sonst werden die Menschen von dir bedingungslose Liebe und Hingabe erwarten. Und dann bist du natürlich angeschissen.

Praxistipp:

- Gib deiner Angst einen Namen. Bist du unruhig, wenn du nicht weißt, woher der nächste Krauler kommen soll? Befürchtest du, dass die Maus, die du im Bürokühlschrank hinterlegt hast, entdeckt werden könnte? Kanalisiere diese Ängste in positive Handlungen; du könntest zum Beispiel eine Kopie deines Hinterteils an die Buchhaltung faxen oder vom Aktenschrank springen und die Aushilfe erschrecken. So werden sich deine Ängste bald verflüchtigen.
- Vergiss nicht: Du magst dich. Stell dich vor den Spiegel, versenke dich in deinen umwerfenden Anblick, und du wirst sehen, was wir meinen.

Fehler Nr. 6: Verhandlungen bei Tageslicht

Bei Verhandlungen (»Darf ich die Büropflanzen fressen, wie oft und wie viele?«) kommt es auf das Timing an. Entscheidend ist, *wann* du dem Boss eine Frage stellst. Wir empfehlen die Zeitspanne zwischen Mitternacht und vier Uhr morgens, denn dann sind Menschen am empfänglichsten. Die typische menschliche Reaktion zu diesem Zeitpunkt reicht von »Mach, was du willst, aber sei still und lass mich in Ruhe« bis »Mmmmmpf«, was man auf sehr verschiedene Weise interpretieren kann. Du kannst jetzt die Pflanzen fressen, das Katzenklo an den Arbeitsplatz des muffeligen Kollegen schieben und deine persönlichen Projekte ganz oben auf die Prioritätenliste setzen – alles dank deiner sensationellen Verhandlungsstrategien.

Praxistipp:

- Setze bei Verhandlungen ein Pokerface auf. Du weißt, dass du gewinnen wirst, aber es gilt als unhöflich, dem Boss offen ins Gesicht zu lachen.
- Vergiss die nächtlichen Zielgruppengespräche und tu, was du willst, wann immer du willst. Im Grunde läuft es auf dasselbe hinaus.
- Tu dir keinen Zwang an und lach los. Was wollen die schon dagegen unternehmen? Dich feuern?

Fehler Nr. 7: Sich herunterputzen lassen

Es ist die Pflicht einer Unternehmenskatze, sich bei der Vorstandsklausur langgestreckt auf die Jahresabrechnung zu legen. Das gilt als subtiler Hinweis, dass die Mitarbeiter den Bericht im nächsten Jahr eine Spur interessanter gestalten sollen. Doch die Menschen scheinen sich darüber zu ärgern. Solltest du je zugelassen haben, dass dich jemand von einem Aktenordner, Laptop oder gerade frisch bestückten Büfett scheucht, brauchst du dringend Coaching.

Praxistipp:

- Sollte ein Mensch darauf bestehen, dich zu verscheuchen – von Schreibtisch oder Schulter etwa –, warte dreißig Sekunden und spring wieder hinauf. Früher oder später wird sich die Person fragen, ob das Verscheuchen sich lohnt.
- Praktiziere den Rollentausch. Scheuche alle von dem Sessel, Diwan oder Teppich, der dir gefällt. Selbst wenn die Person dich durch ihre Anwesenheit an diesem Platz nicht stört, ist es gut, die Herrschaftsverhältnisse frühzeitig zu klären.

Fehler Nr. 8: Spielregeln ignorieren

Wie die Zeckenzange nach einem Waldspaziergang sind Spielregeln im Unternehmen etwas Unvermeidbares. Sie zu durchschauen ist für dich von Vorteil. Wenn du nicht weißt, wer mit wem zerstritten ist, wie kannst du dann Unfrieden stiften?

Praxistipp:

- Networking ist alles. Teile dein Trockenfutter mit anderen Katzen, unterhalte eine gute Beziehung zum Briefträger und sei nett zu den Zierfischen (bis du herausgefunden hast, wie du sie in ihr feuchtes Jenseits beförderst). Selbst ein gelegentlicher Business Lunch mit dem Hund kann nützliche Informationen abwerfen.

Außerdem gibt dir das die Chance, sein Chappi zu klauen.

- Hab das Ohr am Puls der Zeit. Am besten geht das im Liegen und mit geschlossenen Augen, aber sei kreativ.
- Stelle dich mit den ortsansässigen Katzen gut, auch mit den Losern am Müllcontainer. Man weiß nie, wann man mal ein paar Muskel-Kater braucht.

Fehler Nr. 9: In der Komfortzone (auch »Bett« genannt) bleiben

Wie unsere menschlichen Pendants sind auch wir Katzen Gewohnheitstiere. Deshalb wirst du immer wieder in aller Herrgottsfrühe auf dem Bett deiner Angestellten herumhopsen und um ein bisschen Aufmerksamkeit betteln – das hast du immer getan. Weshalb also etwas ändern? Es hat seine Vorteile, Angestellte in unbeobachteten Momenten zu überraschen. Das kannst du tun, indem du gelegentlich deine Komfortzone verlässt.

Praxistipp:

- Stell dir den Wecker, quäle dich zu einer unchristlichen Stunde, sagen wir zwölf Uhr mittags, aus den Federn und checke deine Umgebung.
- Suche alle paar Wochen eine neue bequeme Stelle im Büro und beanspruche sie als deinen Schlafplatz. Der Pausenraum, die Rezeption und der Teppich unter dem Schreibtisch des CEO bieten sich als geeignete Orte an.

Bist du eine Karrierekatze oder eine Familienmieze?

Du hast nun die nötige Handlungskompetenz im Unternehmen. Jetzt musst du entscheiden, ob du überhaupt in dieser Welt leben willst. Willst du zu dem internationalen Katzen-Kartell gehören, das triumphal in die Büros einzieht, seine Federstäbe auf polierte Holztische pflanzt, zur Feier des Tages ein paarmal die Intimteile leckt und sich dann zur Ruhe begibt? Oder suchst du dein Glück lieber an der Heimatfront, backst leckere Mäusepasteten und machst dein Nickerchen auf der Wäsche, die gerade warm aus dem Trockner gezogen wurde? Die folgenden Tests können dir helfen herauszufinden, ob deine Persönlichkeit und deine Interessen dich dazu prädestinieren, in der Welt der Entscheidungsjäger auf die Pirsch zu gehen.

Kreise die Worte ein, die deine Persönlichkeit am besten beschreiben:

Albern	Diktatorisch	Gierig
Analfixiert	Einschüchternd	Herrschsüchtig
Anhänglich	Faul	Hinterhältig
Aufgeblasen	Frech	Intensiv
Ausgefuchst	Fröhlich	Introvertiert
Ausgeglichen	Furchtlos	Konfus
Autoritär	Geduldig	Launisch
Besitzergreifend	Gelangweilt	Laut
Beweglich	Geschmeidig	Leidenschaftlich
Bissig	Gesellig	Lustig
Cholerisch	Gewissenhaft	Manisch

Niedlich	Schräg	Unschuldig
Optimistisch	Selbstsicher	Verfressen
Passiv	Skeptisch	Verschmust
Perfekt	Stark	Wasserscheu
Pessimistisch	Süß	Weichherzig
Respektvoll	Träge	Zimperlich
Ruhig	Überzeugend	Zugänglich
Schlaff	Umständlich	
Schlau	Ungeschickt	

Markiere die fünf Worte, mit denen dich deiner Ansicht nach andere häufig beschreiben:

Allmächtig	Königlich	Supergeil
Atemberaubend	Majestätisch	Tapfer
Ehrfurchtgebietend	Perfekt	Überwältigend
Erstaunlich	Perfekt	Umwerfend
Fürstlich	Perfekt	Unbezahlbar
Genial	Perfekt	Unglaublich
Gottähnlich	Perfekt	

Liste deine fünf wichtigsten übertragbaren Fähigkeiten auf.

Zum Beispiel:

1. Sich im Dreck wälzen
2. Sich Zugang zu den unmöglichsten Orten verschaffen (Schläuche von Klimaanlagen, die Vorratskiste mit den Brekkies, das Pentagon)

3. Die Fähigkeit, einen Dosenöffner aus zwei Meilen Entfernung zu hören
4. Mit einem Satz über hohe Gebäude, Zimmerpflanzen,
Couchtische und stehende Hunde springen
5. Eine an Paranoia grenzende Aufmerksamkeit.

Nenne jetzt drei Beschäftigungen, mit denen du gerne
deine Zeit verbringst.

Zum Beispiel:
1. Schlafen
2. Auf dem Rücken schlafen
3. Nach dem Schlafen ein Nickerchen halten.

Welches sind deine drei größten Stärken?

Zum Beispiel:
1. Schönheit
2. Körperpflege
3. Auf Mauern, Simsen und vollen Blasen balancieren.

Was sind deine drei größten Schwächen?

Zum Beispiel:
1. Extremer stressbedingter Haarausfall
2. Mangelhaftes Durchhaltevermögen (z. B. bei halbtoten
Mäusen)
3. Die Neigung, anderen das Hinterteil zu zeigen, wenn ich
wütend, verärgert oder frustriert bin, oder überhaupt.

Jetzt weißt du etwas mehr über dich. Als Nächstes kannst du deine Eigenschaften und Fähigkeiten in einen Lebenslauf einbauen. Wir haben auf der folgenden Seite ein Muster angefügt. Klaue davon, so viel du willst.

Fazit? Nett sein bringt dich nicht weiter. Wecke den Tiger in dir. Deine Qualifikatzion ist unbestritten. Die Welt der rennenden Ratten wartet darauf, dass du angreifst. Enttäusche sie nicht.

DJANGO RATTENSCHRECK

Pfotenweg 55 * 11111 Groß-Schnurrow * drschreck@kol-maunz.com

Zielsetzung

Häufig distanziertes und reserviertes, jedoch manchmal extrem enthusiastisches Individuum sucht hochgelegenen (Kühlschrankniveau oder höher) Aufsichtsposten, der erprobte Sozialkompetenz, Menschenkenntnis und eine erstklassige Fähigkeit zur Jagd auf kleine, bewegliche Lichtpunkte voraussetzt. Vorhanden sind eine anhaltende Fähigkeit zur Selbstmotivation und ein starker Anschleichwille.

Übersicht

· Erfahrung als Headhunter im Nagetiersektor mit vier Jahren und zwei Leben Berufserfahrung
· Schnelle Reaktionsfähigkeit, die andere nicht selten überrascht
· Ausgezeichnete Kenntnisse in der Entfernung von Kleintier-Eingeweiden
· Fähigkeit, die Kundenbeziehung beherzt anzupacken (etwa auf Knöchelhöhe)
· Manager für ENR (Effiziente Nagetier-Reduzierung): 30 Prozent über einen Zeitraum von zwölf Monaten
· Fachkenntnisse im Umgang mit Wühlmäusen, Gartenschläuchen und Weizengras
· MDS-Diplom (Management durch Stolzieren)
· Einführung und Implementierung einer firmenweiten Open-Door-Politik für Haustiere.

Kernkompetenzen

· Keine Probleme mit dem wiederholten In-Frage-Stellen bzw. Ignorieren von Autorität

- Frisst Frösche und Gras
- Zielgerichtetes, engagiertes Vorgehen (insbesondere bei allem, was sich duckt oder zu entkommen versucht)
- Gesunde Neugier auf die Funktionsweise von Gegenständen
- Fähigkeit, auf Verlangen zu erbrechen
- Exzellente Sleep-Life-Balance
- Gepflegtes Erscheinungsbild
- Teamplayer – in Ein-Personen-Teams
- Hervorragende Verhandlungskompetenz, lässt sich durch ein »Nein« oder »Noch ein Wort, und ich verfrachte dich nach Grönland« nicht beeindrucken
- Professioneller Networker mit der Fähigkeit, Interesse an fremden Meinungen zu heucheln
- Nachgewiesene Fähigkeit, immer auf den Füßen zu landen.

Berufserfahrung
Headhunter im Nagetierbereich, August 2007 bis Gegenwart
- Zwei Jahre Enthauptungen unterschiedlichster »Klienten«
- Give-Back-Aktivitäten, die in einer Verdreifachung des Vogelfederertrags auf der Terrasse resultierten
- Location Scout für hochwertige Sonnenfleckchen
- Erfindung des patentierten Verhandlungssystems »Kooperiere, und ich lass dich leben«.

Mitarbeit beim Sicherheitsdienst Nightwatch
2005 – Juli 2007:
- Patrouillierte zu Fuß markierte Gebiete, einschließlich Schränke, Lagerräume, Kriechkeller und Innenwände
- Implementierte das Schnurrhaar-Sensorsystem
- Bot qualifizierten Escort-Service für Grillen, Fliegen, Blätter und tote Käfer

- Erklomm Türen, Fenster, Fliegengitter und Babygitter, um Sicherheitslücken zu entdecken
- Informierte Gesetzesbrecher über Regelverstöße, wie Streunen, Rauchen und demonstrative Zuneigung zu Hunden
- Übernahm das Monitoring der Maus- und Vogelpopulation
- Kontrollierte regelmäßig das Müll-Überlauf-System
- Schlug Alarm, wenn unbefugte Personen oder Schatten im Revier auftauchten.

Mäusejäger im familiären Umfeld 2003–2004

Computer-Skills
(Power-Pfoten-Präsentation; Whiskas 7.0 XP; versiert im Zugriff auf Hardwarekomponenten, insbesondere beim Schlafen auf dem Keyboard. Routinierter Umgang mit der Maus.

Hobbys
Yoga, Kurzstreckensprints, Power-Napping, Rohkost, ehrenamtliche Mitarbeit als Katzivist.

Referenzen auf Nachfrage (wehe!)

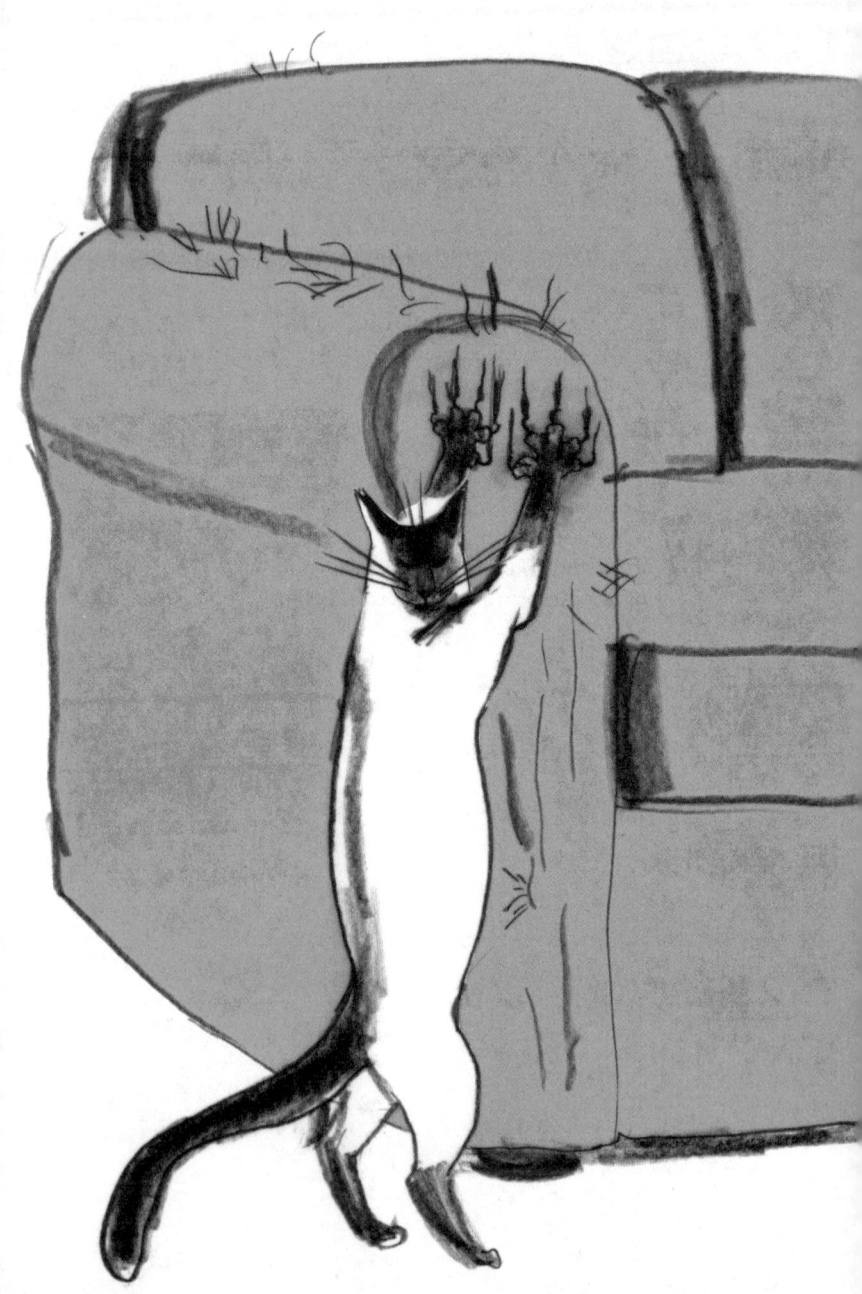

KAPITEL 7

Die sieben Regeln leistungsstarker Katzen

Jeder Augenblick im Leben einer Katze hält Wahlmöglichkeiten bereit. Wagst du eine gefährliche Forschungsreise in die staubigen Winkel des Spieleschranks, oder bleibst du auf dem vertrauten Terrain des bestickten Sofakissens? Schleichst du dich heimlich vom Ort des Verbrechens, früher auch »Flurteppich« genannt, oder stehst du zu deiner Tat? Bringst du einem Weberknecht bei, wer hier Meister und wer Knecht ist, oder gestattest du ihm, mit dem letzten Rest seiner Würde zu entkommen? Spielst du Harfe auf dem Sofabezug, oder nimmst du dazu lieber Mamis neue Strumpfhose?

Merke: Damit du gewinnst, muss ein anderer verlieren. Win-win-Situationen sind etwas für Weicheier oder Spezies ohne ausfahrbare Krallen. Wir haben sieben Regeln zusammengestellt, die jede Katze befolgen sollte, um das beste aller möglichen Leben zu leben. Nutze diese Regeln für dich, und du wirst deine Angestellten immer in Atem halten.

Regel Nr. 1:
Meinungsverschiedenheiten aushalten

Menschen reagieren manchmal nicht übermäßig enthusiastisch auf deine angeborene überschäumende Lebensfreude. Differenzen sind unvermeidlich, zum Beispiel darüber, ob die Zimmerpflanzen allein zu deinem Privatvergnügen existieren oder nicht. Aber warum hätte Gott wohl Shih Tzus, Luftpolsterfolie und Schwertfarne geschaffen, wenn nicht, um dich zu amüsieren?

Regel Nr. 2:
Beanspruche alles für dich

Markiere jeden Raum, den du betrittst, damit er komplett in deinen Besitz übergeht. Wir empfehlen eine Etikettierpistole, aber du kannst deinen Geruch selbstverständlich auch nach der herkömmlichen Methode auf alles sprühen, was bei drei nicht auf den Bäumen ist. Selbst wenn dich etwas nicht wirklich interessiert, etwa ein Kratzbaum (schließlich steht da ein Sofa), solltest du ihn markieren. Auf diese Weise gibt es weniger juristische Probleme, wenn du ihn mal bei eBay versteigerst.

Regel Nr. 3:
Halte immer deinen Hintern sauber

Ähh ... ja. Doch. Schon.

Regel Nr. 4:
Stürz dich drauf, bevor es sich auf dich stürzt

Das Leben einer Katze basiert auf ständiger Wachsamkeit. Ein Moment der Nachlässigkeit, und du entdeckst auf YouTube ein Video von dir, wie du gewisse intime Körperteile leckst. Erst angreifen, dann nachfragen, lautet die Devise. Geh davon aus, dass alles und jedes – Schatten, Bindedraht, dein Schwanz – es auf dich abgesehen hat.

Regel Nr. 5:
Im Zweifelsfall – schlaf drüber

Wer sind wir? Warum sind wir hier? Wohin gehst du mit diesem Schinken? Sinnfragen wie diese quälen grüblerisch veranlagte Samtpfoten seit Katzengedenken. Doch bis sich die Antworten offenbaren, hilft ein Nickerchen, den Kopf wieder klarzukriegen.

Die sieben schlechten Angewohnheiten leistungsschwacher Katzen

Leistungsschwache Katzen neigen zu folgendem Fehlverhalten:

1. Freiwillig zur Seite rücken oder anderen auf Bett oder Sofa Platz machen
2. Die Tatsache respektieren, dass nicht jeder ihnen dabei zusehen will, wie sie sich den Hintern lecken
3. Die Stimme nie über ein sanftes »Miau« erheben
4. Hausarrest akzeptieren, ohne zu murren
5. Die andere Backe draufhalten, wenn sie mit minderwertiger Katzenstreu konfrontiert werden
6. Erkennen lassen, dass sie den Hund im Grunde ganz gern mögen
7. Kommen, wenn sie gerufen werden.

Regel Nr. 6:
Benimm dich beim Tierarzt komplett anders als zu Hause

Nichts ist drolliger, als wenn dein Mensch beim Tierarzt der blutenden, zerkratzten Assistentin beteuert, dass du so etwas zu Hause *nie* machst. Es gibt Bonuspunkte, wenn du es schaffst, vor der Spritze vom Untersuchungstisch zu springen.

Regel Nr. 7:
Löse Minderwertigkeitsgefühle
bei Menschen aus

Es ist nie zu früh oder zu spät, sich über die Mängel und kleinen Schwächen deines Menschen lustig zu machen. Wenn du es richtig anstellst, kannst du eine Kleinigkeit wie eine Knollennase oder einen Karrierestillstand in einen ausgewachsenen Fetisch umwandeln – das Ergebnis sind viele Stunden intensiver Aufmerksamkeit, die dein Mensch dir widmet, weil er in deiner Gegenwart Trost und Zuflucht sucht. (Herrliche Ironie, was?)

Persönliches Mission Statement (PMS)
für Katzen

Die sieben Regeln leistungsstarker Katzen helfen dir, mit allen Wechselfällen des Lebens fertigzuwerden. Selbstbewusste Katzen gehen jedoch noch einen Schritt weiter und formulieren ein individuelles Mission Statement. Auf dieses Statement kannst du immer dann zurückgreifen, wenn du dich auf deine Grundwerte besinnen willst. Es macht deutlich:

- wer du bist
- was du willst
- welches Maß an Aggression notwendig ist, um deine Ziele zu erreichen.

Hier sind einige Beispiele für visionäre PMS:

Mein Name ist Emma. Ich will nach draußen. Ich bin bereit, mich stundenlang hinter dem Sofa zu verstecken, um in die ersehnte Freiheit sprinten zu können, wenn sich die Haustür mal öffnet. Katzen regieren, Hunde parieren!

Mein Name ist Carlo Flatterbacke. Ich will unbegrenztes Weiderecht an Zimmerpflanzen und die Abschaffung der »Keine Katzen auf dem Esstisch«-Regel. Für meine Überzeugungen bin ich bereit, Tag und Nacht vor der Küche Posten zu beziehen. Ich glaube, dass die Taktik des permanenten Schlafentzugs bei meinen Menschen zum Erfolg führen wird. Ich mag interaktives Quietschspielzeug. Ich hätte nichts gegen einen neuen Namen.

Ich bin Flauschi, der orangerote Blitz. Ein Meister der Tarnung. Ich sehe dich, aber du siehst mich nicht. Ich bin das funkelnde Auge unter der Treppe, der flüchtige Schatten im Augenwinkel. Mein Ziel ist nichts Geringeres als die Weltherrschaft. Wenn ich lange genug um die Ecken schleiche, wird man mein Genie erkennen, und Menschen werden mir Gefolgschaft leisten. Ich werde für immer in meinem teuflischen Reich herrschen! (Abgesehen von der Weltherrschaft hätte ich gerne ein neues Bimmelbällchen.)

Bist du bereit, dein eigenes PMS zu verfassen? Wir haben dir einige Ideen geliefert, aber du kannst auch einfach die Lücken im Text mit deinen Worten füllen.

Mein Name ist _____
Mehr als alles andere auf der Welt will ich _____

- meine Fortpflanzungsorgane zurück
- Schinken
- raus / rein
- dem Hund einen Bären aufbinden
- Wii Bowling
- ein Auto, ein Eichhörnchen, eine Straße, dreißig Sekunden *und keine weiteren Fragen.*

Ich bin bereit _____, um zu bekommen, was ich will

- meinen Bauch anfassen zu lassen. Kurz. Halt! Ich hab's mir überlegt. Auf keinen Fall.
- zu terroristischen Akten
- die Hunde von der Leine zu lassen
- toxisches Katzengas auszustoßen
- auf deinem Gesicht herumzutrampeln
- zu überhaupt nichts. Schluss. Aus.

Die sieben Regeln leistungsstarker Katzen»besitzer«

Leistungsstarke Katzen»besitzer« verfügen über folgende Merkmale

1. Sie kommen, wenn sie gerufen werden.
2. Sie riechen immer nach Thunfisch.
3. Sie sind immun gegen elektrostatische Entladungen.
4. Sie sind telepathisch begabt, so dass du ihnen vom Sonnenplatz am Fenster aus übermitteln kannst, dass du sofort hinter dem linken Ohr gekrault werden musst.
5. Sie sind bereit, Freund / Freundin / Ehegatten / asthmatisches Kind zu verlassen, der / die / das keine Katzen mag oder verträgt.
6. Sie akzeptieren, dass das Schlafarrangement im Bett nach dem Motto »Wer zuerst kommt, kriegt den besten Platz« geregelt wird.
7. Sie haben warme Hände, warme Füße und ein warmes Herz.

KAPITEL 8

Die Tier-Versprechen

Die Vier Versprechen basieren auf uraltem Wissen – aus der Zeit vor der Erfindung der Katzenstreu – und wurden von dem Schamanen Don Miguel Ruiz schriftlich fixiert, in der Hoffnung, dass die Menschen ihre geistigen Schwingungen verfeinern, sich endlich zusammenreißen und nicht mehr so viel »DSDS« glotzen.

Doch die Menschen haben noch nicht recht begriffen, wie man diese Versprechen im Alltag umsetzt. Deshalb ist es die Aufgabe fortschrittlicher Katzen, Menschen ein prinzipientreues Leben nahezubringen. Natürlich unterscheidet sich die kätzische Herangehensweise an solche Versprechen ein wenig von der menschlichen. Hier folgt ein Vergleich der Fassung von Ruiz mit der neuen, verbesserten und modernisierten Version für Katzen.

DIE VIER VERSPRECHEN	DIE TIER-VERSPRECHEN
Wäge mit Bedacht deine Worte	Erinnere andere an ihre Worte
Nimm nichts persönlich	Nimm nichts persönlich – es sei denn, Schmollen verschafft dir Vorteile
Ziehe keine voreiligen Schlüsse	Geh davon aus, dass alle anderen Idioten sind (das spart Zeit)
Tue immer dein Bestmögliches	Tu immer dein Bestmögliches – aber sieh zu, dass du mit weniger durchkommst

Tier-Versprechen Nr. 1:
Erinnere andere an ihre Worte

Nimm an, jemand sagt: »Warte eine Minute, dann werfe ich dir das Klingelbällchen.« Zunächst mal können Katzen keine Uhr lesen, deshalb ist schon die Zeitangabe eine Gemeinheit. Und dann – wie können sich Menschen erdreisten zu glauben, *sie* könnten entscheiden, wann sie das verdammte Klingelbällchen werfen? Wenn wir dem Bällchen nachjagen wollen, dann wollen wir dem Bällchen *sofort* nachjagen.

Oder nehmen wir an, dass die Menschen uns beim Weggehen einen Guten Tag wünschen, und dann haben wir keinen. Wessen Schuld ist das? Sicher nicht unsere.

Deshalb ist es wichtig, Menschen an ihre Worte zu erinnern. Wenn sie uns einen Guten Tag wünschen, dann sollen sie verdammt nochmal was dafür tun, dass er gut wird.

Kennst du die Macht deiner Worte?

Während das Wort eines Menschen ungefähr so viel wert ist wie der Haarball, den du heute früh hochgewürgt hast, kann man dem Wort einer Katze stets trauen. Wenn wir »mrau-pssft« sagen, meinen wir »mrau-pssft«.

Damit Menschen lernen, deinem Beispiel zu folgen, solltest du dich häufig laut und in jammerndem Ton äußern. Du musst sichergehen, dass alle hören, wie sorgfältig du deine Worte wählst. Das Wort hat die Macht, etwas zu erschaffen. Sprich das Wort, und die Menschen werden losrennen und dir deinen Futternapf füllen. Sprich das Wort, und die Balkontür wird aufgleiten und dir ungehinderten

Zugang zum Garten gewähren. Sprich das Wort, und die Menschen werden zur Seite rutschen und dir deinen Lieblingsplatz im Bett freimachen. Ein Wort hat Zauberkraft. Denke an diese Kraft und nutze sie zum Guten ... oder zum Bösen. Wie auch immer.

Tier-Versprechen Nr. 2:
Nimm nichts persönlich – es sei denn, Schmollen verschafft dir Vorteile

Katzen wühlen in der Mülltonne des niedrigen Selbstwertgefühls, wenn sie die Rechtfertigung für ihre Existenz bei den Menschen suchen. Irrelevante Äußerungen wie »Böse Katze, raus aus dem Aquarium!« oder »Ich habe den Dosenöffner benutzt, um eine Dose Erbsen zu öffnen, nicht Katzenfutter – hier, siehst du, E-R-B-S-E-N« darfst du dir nicht zu Herzen nehmen. In den genannten Fällen könntest du dich taub stellen und eine Goldfischflosse ausspucken (um zu zeigen, dass du dich nicht von negativen Gedanken vergiften lässt) oder deinen Menschen nerven, bis er oder sie weinend zusammenbricht und eine Fischdose öffnet, nur um dich loszuwerden.

Obwohl du nie etwas persönlich nehmen sollst, musst du deinem Menschen unmissverständlich klarmachen, dass jedes Schwanz- oder Schnurrhaar-Zucken eine Bedeutung hat, und sie gleichzeitig völlig im Unklaren darüber lassen, *worin* diese Bedeutung besteht. Benimm dich wie ein CIA-Agent oder eine Fünfzehnjährige: Lass andere nie genau wissen, was du denkst oder womit sie dich verärgert haben. Wichtig ist, dass sie viel Zeit damit verbringen müssen, sich bei dir einzuschleimen, damit sie hoffen dürfen, dass du dich ihnen wieder huldvoll zuwendest.

Merke: Die Anzahl der Streicheleinheiten oder Leckerli pro Tag sollte deine Selbstachtung nicht beeinflussen. Entscheidend ist, ob du bewirken kannst, dass deine Menschen schlagartig jede Aktivität einstellen – sei es die Zubereitung des Abendessens, sei es ein aktives bilaterales Engagement für den Fortbestand der Menschheit – und sich auf Verlangen um dich kümmern.

Tier-Versprechen Nr. 3:
Geh davon aus, dass alle anderen Idioten sind (das spart Zeit)

Katzen machen manchmal den Fehler, Menschen für klüger zu halten, als sie sind. Wir möchten gerne glauben, dass Menschen zu erhabenen Gedankengängen und Gefühlen in der Lage sind – dieses Syndrom nennt man auch Anthropomorphisierung (lat. für »Wunschdenken«). Wir nehmen an, dass Menschen Angst, Schmerz, Wut, Trauer und Glück genauso erleben wie wir. In Wirklichkeit haben die meisten Menschen eine geringere emotionale Tiefe und Erlebnisfähigkeit als die debilste Hauskatze. Das ist einer der Gründe, warum Katzen bei Menschen abhängen. Wir sind dazu da, sie die Bedeutung reiner, bedingungsloser Liebe zu lehren – ohne das Sabbern und den Schimmelgeruch, der diese Gefühlslage bei Hunden begleitet.

Wie oft ist dir das Folgende passiert? Du räkelst dich auf deinem Lieblingsplätzchen, etwa auf einem bestickten, sonnenbeschienenen Kissen, und schlummerst in der Wärme und Stille deines Heims. Plötzlich wedelt eine riesige Feder vor deiner Nase herum. Du klappst vorsichtig ein Auge auf und schließt es angeödet gleich wieder. Daraufhin piekt dich die Feder in die Seite, und eine Stimme singt von oben: »Mitzimitzimitzi! Hol dir die Feder! Komm schon, Mausekätzchen, hol dir die große böse Feder!«

Natürlich nimmst du an, dass die Stimme dich mit dem Haushund verwechselt hat, der aus Gefallsucht praktisch alles mitmacht, außer vielleicht seinen eigenen Haufen fressen (aber auch das macht er schon mal). Oder du nimmst an, dass Gott deine Geduld auf die Probe stellt. Von wegen. Der Grund für die Feder vor der Nase ist – kaum zu fassen, aber wahr –, dass die Person tatsächlich glaubt, du *magst* so etwas.

»*Was?*«, fragst du. »Wie kann das sein? Ich habe doch durch nichts signalisiert, dass ich die Feder jagen will. Jeder Depp kann sehen, dass ich nichts anderes will als schlafen.«

Das ist ja das Faszinierende. Die Menschen glauben, dass sie nett sind, wenn sie dir mit der zerfledderten Feder im Gesicht herumfuhrwerken. Leider ermutigen manche Katzen ein solches Verhalten, indem sie, um den Menschen und die Feder loszuwerden, dem Ding ein, zwei Hiebe verpassen.

Voreilige Schlüsse vermeidet man durch eine klare und direkte Kommunikation. Anders als Katzen, die hellsichtig sind (wie sonst würden wir uns kurz vor der Fahrt zum Tierarzt unsichtbar machen können?), brauchen Menschen eindeutige Ansagen. Schneide die praktische Tabelle aus, die wir hier eingefügt haben, und pinne sie gut sichtbar an die Wand, zum Beispiel neben das Klo, wo dein Mensch sie oft vor Augen hat.

Kleines Katzenglossar für Zweibeiner

Miau: Grüß dich. Hallo. Was geht?

Mrrr: He. Hallo. Beweg dich.

Mii-au: Streichle mich.

Mi-*auu*: Wenn du mich anfasst, bring ich dich um.

Miiii-au: Mir ist langweilig. Ich will spielen!

Mi-rrr-au-au-au: Fisch. Jetzt. Gleich. *Sofort*!

Mau-au-au-ack: Na ja, ich wollte das eigentlich nicht ansprechen, aber dieses Kleid macht dich dick.

Mrau-au: Ich bin von Kopf bis Fuß auf Liebe eingestellt ... oder ein Häppchen Leber.

Rrrrrr: Weg hier! (Mit leicht veränderter Betonung kann es auch als »Hilfe, ich stecke fest«) interpretiert werden.

M-I-AUUUU: KÜMMERE DICH ENDLICH UM MICH, DU DÄMLICHER IDIOT!

Tier-Versprechen Nr. 4:
Tu immer dein Bestmögliches – aber sieh zu, dass du mit weniger durchkommst

Was das Bestmögliche ist, wissen Katzen von Natur aus. Wir müssen uns nicht anstrengen, wir sind auch so die attraktivsten Geschöpfe in jedem Raum, die klügsten und anmutigsten sowieso, und unser Lifestyle-Potential ist erste Sahne.

131

Doch an manchen Tagen sind wir müde. Vielleicht hatten wir am Tag zuvor nur fünfzehn Stunden Schlaf. Vielleicht hat uns die batteriebetriebene Hamsterkugel den letzten Nerv geraubt. Oder wir haben ein bisschen zu tief in die Baldrianflasche geschaut. Wie auch immer, wir werden nachlässig. Wir lassen den Hund vorbeitrotten, ohne ihm eine zu wischen. Wir verrichten unser Geschäft neben dem Katzenklo, weil das Hineinklettern einfach zu anstrengend ist. (Etwas anderes ist es, wenn wir neben das Katzenklo kacken, um unseren Menschen zu demonstrieren, was wir davon halten, dass sie *ohne uns* übers verlängerte Wochenende weggefahren sind).

Hin und wieder ist das Zweitbeste bei dir selbst akzeptabel, aber akzeptiere es nie von anderen. Du wirst feststellen, dass das Leben viel reibungsloser verläuft, wenn du darauf bestehst, dass deine Menschen ihr Allerbestes geben. Schludrigkeiten, die du vorher hast durchgehen lassen – ein leerer Futternapf, ein nur zur Hälfte freies Sofa, Aufräumaktionen, bevor du mit dem Spielen fertig bist –, werden nicht länger geduldet. Warum? Weil du es sagst, darum.

Menschen können ihre Persönlichkeit nicht weiterentwickeln, wenn niemand da ist, der ihnen – auch geringfügige – Fehlverhalten aufzeigt. Zum Glück haben sie dich. Auf welche Art du sie auf die Bereiche hinweist, die optimiert werden müssen, hängt auch von deiner Persönlichkeit ab. Introvertierte Katzen verstecken sich vielleicht unter dem Bett, bis ein signifikanter Fauxpas – z. B. eine neue Katze im Haus – behoben wurde. Wer keine Angst vor direkter Kommunikation hat, kann seinem Menschen auf den

Schoß springen, ihm die Pfoten auf die Brust legen und ein intensives Gespräch unter vier Augen führen.

Das Gebot der Stunde ist natürlich in jedem Fall, unseren Menschen fest im Griff zu haben.

KAPITEL 9

Survival-Handbuch für Katastrophen

Bist du bereit, unter den schlimmsten Umständen, die das Leben dir vor die Pfoten wirft, zu überleben, ja, sogar zu glänzen? Würdest du es zehn Minuten außerhalb des Hauses ohne Zugriff auf den elektrischen Dosenöffner oder den mintgrünen Flauschteppich aushalten? Finde es heraus!

Survival ist ein ernstes Thema. Man denke nur an Gefahren wie die Transportbox oder ein fünf Minuten zu spät serviertes Abendessen. In diesem Kapitel lernst du Strategien kennen, wie du giftige Pflanzen überlistest, Medikamente ablehnst und unruhige Gliedmaßen maßregelst, die nachts störend unter der Bettdecke hervorragen. Du erfährst, wie du dich bei potentiell heiklen gesellschaftlichen Anlässen verhältst und wie du deine Lieblingsdecke aus der Wäsche holst, ohne dir die Pfoten nass zu machen.

In Abständen findest du in diesem Kapitel immer wieder die Frage »Welches ist dein Katastrophenszenario?« Sie soll dich zum Nachdenken über deine existentiellen Lebensdramen anregen. Mach dich bereit, denn wir verraten dir, wie du die *schlimmsten Schläge* überlebst, die das Leben austeilt!

Was ist dein Katastrophenszenario?

Eine zweite Katze im Haus oder
ein globaler thermonuklearer Krieg?

Wie du Irrwege überlebst

Die Freiheit ist nicht immer so toll, wie einem suggeriert wird. Solltest du einmal draußen durch unbekanntes Terrain wandern, beachte die folgenden Hinweise.

Keine Panik

Es sei denn, die Essenzeit nähert sich, und kein Napf ist in Sicht. Dann verfalle augenblicklich in einen Zustand ungezügelten Entsetzens.

Bleib im Versteck

Es ist nicht dein Job, deine Menschen zu finden. Es ist ihr Job, dich zu finden. Wenn sie zu diesem Zweck auf Dächer klettern, in Regenrinnen spähen oder mit dem Bauch im Matsch durch jeden Kriechkeller der Nachbarschaft robben müssen, während du stumm wie eine Statue im Busch sitzt, dann ist das eben der Lauf der Dinge. (Nimm eine Videokamera mit, es werden unbezahlbare Aufnahmen sein.)

Geh in die Vertikale

Klettere so hoch du kannst, damit du einen freien Blick auf die Umgebung hast. Vom Hausdach oder Baumwipfel aus wird ein unübersichtliches Revier schnell wieder vertraut. Dann hast du zwar das Problem, wieder runterzukommen, aber wenigstens weißt du jetzt, wo du bist.

Wie du ein Auto knackst

Autodiebstahl ist eine Fertigkeit, die alle Katzen beherrschen sollten. Man weiß nie, wann man mal eine Nobelkarosse gebrauchen könnte.

Die Methode ›Blinder Passagier‹
Bei dieser äußerst einfachen und beliebten Methode schmuggelst du dich heimlich in einen Koffer oder eine Reisetasche ein, die von einem Menschen ins Auto getragen wird. Du kommst heraus, sobald du im Auto bist. Gib dich rasch zu erkennen. In diesem Fall ist das Ziel nicht, irgendwohin zu fahren, sondern deinem Menschen zu demonstrieren, wie unglaublich brillant und raffiniert du bist.

Die Tramper-Methode
Spring auf den Rücksitz oder krieche unter die Abdeckplane, und auf geht's. Sobald du an deinem Zielort angelangt bist, erlaubst du dem Fahrer des Wagens, deine Tätowierungsnummer zu lesen, was deine Menschen in die Verlegenheit bringt, sechzig Kilometer fahren zu müssen, um dich abzuholen.

Die Methode ›Warmer Motor‹ – nicht empfehlenswert
Bei der Methode ›Warmer Motor‹ befindest du dich an der Unterseite der Karosserie, aber diese Methode kann unerfreuliche Folgen haben. Wir raten dir, alle Motoren zu meiden, bis unsere Feldforscher herausfinden, wodurch dieser leblose Blechprotz auf einmal röhrend zum Leben erwacht.

Wie du überlebst, wenn die Schmusedecke oder das Lieblingsspielzeug in der Wäsche ist

Der Schlüssel zum Umgang mit diesem Katastrophenszenario ist mentale Stärke. Mit Hilfe der folgenden Tipps bewältigst du diese Prüfung Schritt für Schritt.

Rede mit deinem Spielzeug

Da du ja weißt, wie du dich beim Gedanken an ein Bad oder einen Spritzer aus der Wasserpistole fühlst, kannst du dir vorstellen, was deine Schmusedecke gerade durchmacht. Stell dich vor die Waschmaschine und miaue laut, damit sie weiß, dass du ihr in Gedanken beistehst.

Mach etwas kaputt

Es baut Stress ab, wenn du einen Schal oder einen wertvollen Quilt zerfledderst, der deinen Menschen lieb und teuer ist. Es erinnert sie daran, was du vom Waschtag hältst. Bald werden sie lernen, mit dem Dreck zu leben.

Was zu tun ist, wenn du einer Schlange begegnest

Schlangen sind unsere Freunde. (Haha, nicht wirklich.) Wenn du eine siehst, tritt drauf. Oder lass dich von dem Folgenden inspirieren.

Hol den Hund

Versuche, die Sache auf Poldi, den gehirnamputierten Pinscher, abzuwälzen. Nicht alle Schlangen sind giftig, und es macht Spaß, mit einer zu spielen, aber zuerst musst du wissen, mit wem du es zu tun hast. Wenn Poldi überlebt, ist sie vermutlich ungefährlich. Viel Spaß!

Fordere die Schlange zu einem Kung-Fu-Duell heraus

Das ist nur ein Trick, um die Schlange hinzuhalten, bis deine Menschen mit der Schaufel kommen.

Was ist dein Katastrophenszenario?

Krallenschere oder Tablettenreinschieber?

Lade sie ins Haus ein

Lade die Schlange ein, es sich im Haus gemütlich zu machen, und such dir einen Logenplatz.

Wie du ein Bad überlebst

Wieso müssen Menschen eigentlich alles, was sie besitzen – einschließlich der Perserkatze –, in warmes Seifenwasser tauchen? Wir Katzen wissen im Schlaf mehr über Sauberkeit, als Menschen jemals erfahren werden. Wenn du trotzdem plötzlich hochgehoben und in Richtung Spülbecken getragen wirst, halte dich an die folgenden Tipps.

Nimm dir ein Beispiel an Wolverine aus *X-Men* – der Typ hat Krallen! Schlage sie in alles, was dir in den Weg kommt – Türrahmen, Geländer oder die weiche Oberschenkelinnenseite des Menschen, der dich trägt.

Den Menschen sagt man, sie sollen ruhig bleiben, positiv denken und sanft säuseln, wenn sie ihr Kätzchen baden. Deine Aufgabe ist es, den Seelenfrieden deiner Menschen so gründlich zu zerstören, dass sie zwei Jahre nach der Badekatastrophe immer noch Beruhigungsmittel einwerfen.

> ## Was ist dein Katastrophenszenario?
>
> Ausgesperrt sein oder eingesperrt sein?

Woher du weißt, ob eine Pflanze giftig ist

Man kann an ihr schnuppern, sich an ihr reiben oder die Wurzeln ausgraben, aber der einzig sichere Weg ist, an ihr zu knabbern. Wenn du nach einem Häppchen Grünpflanze erbrechen musst, ist das aber immer noch kein Beweis, denn, um ehrlich zu sein, du kotzt ja ziemlich oft.

Wie du einen Menschen zur Raison bringst

Menschen können ohne Vorwarnung auf dich losgehen. Dieses Verhalten tritt besonders nachts auf, wenn sie sich im Bett wälzen und um sich schlagen wie Berserker, ohne Rücksicht auf die Katze, die ganz harmlos am Fußende liegt, um auch ein paar Mützen Schlaf abzukriegen. Die folgenden Strategien bringen Menschen zur Vernunft.

Zehenknabbern

Ein sanfter Biss in die Zehen erinnert Menschen daran, dass sie das Bett nach *deinem* Ermessen benutzen. Wenn sie den Hinweis nicht verstehen, kannst du dich ohne weiteres auf einen freiliegenden Fuß stürzen und ihn niederringen, bis er sich ergibt.

Ran an die Kronjuwelen

Die männlichen Katzen wissen, was gemeint ist.

Was zu tun ist, wenn dir etwas am Po hängt

Die Menschen werden deinem Beispiel folgen. Tu so, als wäre nichts, und wisch dein Hinterteil so bald wie möglich an der Bettdecke ab.

Wie du es vermeidest, vom Blitz getroffen zu werden

Halte dich im Freien immer in der Nähe von etwas Größerem auf. Wir schlagen vor, den Hund auf eine Kiste zu jagen und sich neben ihn zu stellen.

Wie du die Straße überquerst

Obwohl wir anregen möchten, dass Katzen im Haus oder in der Nähe des Gartens bleiben, ist das Überqueren einer Straße manchmal nicht zu vermeiden, zum Beispiel wenn die nette Dame mit den Häschenpantoffeln aus dem Haus schräg gegenüber dich ruft, weil sie diese ganz speziellen Lachshäppchen gekauft hat.

Die traditionelle Methode
Geh am Bordstein in Startposition. Sobald sich ein Auto nähert, pendelst du unentschlossen vor und zurück. Ist das Auto praktisch auf deiner Höhe, rast du los. Hörst du Bremsenquietschen und lautes Fluchen, weißt du, dass du es fast geschafft hast. Schlendere gemächlich weiter. Bleib am Bordstein gegenüber stehen und putz dich zufrieden.

Die alternative Methode
Schreite zur Straßenmitte. Lass dich anmutig zu Boden fallen und drücke das Ohr auf den Straßenbelag, um mit geschlossenen Augen auf näher kommende Fahrzeuge zu horchen. Beim Geräusch eines Automobils (oder eines Menschen, der dich anschreit, du sollst gefälligst deinen

Hintern von der Straße wegbewegen), erhebst du dich bedächtig und spazierst zur anderen Straßenseite.

Was ist dein Katastrophenszenario?
Puppenkleider oder eine Löwenfrisur?

Wie man Fische aus der Dunkelhaft befreit

Ein Fisch in einer Konservendose ist wie ein Vogel im Käfig – er sehnt sich danach, befreit zu werden. Es gibt nur eine Methode, einen Fisch aus seiner Arrestzelle zu holen. Halte dich exakt an die beschriebenen Schritte.

1. Miaue verzweifelt.
2. Betritt dein Mensch die Küche und fragt: »Was ist? Willst du gefüttert werden?«, brichst du zu seinen Füßen zusammen, um zu demonstrieren, wie schwach du aus Proteinmangel schon geworden bist.
3. Während die Dose geöffnet wird, behältst du den Hund im Auge, denn die meisten Hunde sind nicht schlau genug, ihr Futter von deinem zu unterscheiden.
4. Du versuchst, deinem Menschen ein Bein zu stellen, während er den Futternapf trägt, damit das Essen schneller den Boden erreicht.
5. Du stürzt dich kopfüber in das leckere Fischragout und frisst, bis dir schlecht wird.
6. Da capo.

Was zu tun ist, wenn du im Regen stehst

Wenn du im strömenden Regen ausgesperrt bist, musst du als Erstes jemanden auf dich aufmerksam machen. Setz dich vor eine Haustür und schreie laut, bis jemand aufmacht. Wenn niemand zu Hause ist, kriechst du in den Schuppen oder die Garage oder suchst unter dem Haus Zuflucht, wo du deine Rache planst.

Wie du es vermeidest, auf Weihnachtskarten verschickt zu werden

Wenn dich die Nachbarskatzen je mit dem Nikolausmützchen sehen würden, das dir Tante Dorothee gestrickt hat, wäre dein Bad-Boy-Image dahin. Hier sind einige Kniffe, wie du es vermeidest, als niedliches Fellbällchen auf Grußkarten zu landen.

- Attackiere jeden, der dir eine Nikolausmütze oder ein Rentiergeweih aufsetzen will.
- Versteck dich unter dem Christbaum – ganz hinten.
- Feuere eine solche Ladung Katzengas ab, dass die Weihnachtssterne während des Foto-Shootings verwelken.
- Falls ein professioneller Fotograf die Aufnahmen macht, verhilf ihm zu einer beruflichen Neuorientierung. Es

---

Was ist dein Katastrophenszenario?

Vögel vor dem Fenster oder Mäuse in den Wänden?

---

gibt Bonuspunkte, wenn du es schaffst, ihm auf die Kamera zu pinkeln.

- Wenn alles schiefgeht, sorge dafür, dass deine Familie »Ich hasse Weihnachten« unter dein Foto schreibt, bevor sie es verschickt.

Wie du den Staubsauger überlebst

Eine Katze hat viele natürliche Feinde – Schaukelstühle, Badewannen, die Tierarzthelferin und natürlich den Staubsauger. Diese fellsträubenden Irrtümer der Natur sind eine Gefahr für jeden Katzenhaushalt. Bleib ruhig, dreh nicht durch, sondern beherzige die folgenden Ratschläge.

Zische und spucke
Lass niemanden im Ungewissen darüber, dass du den Staubsauger als deinen Todfeind betrachtest. Manchmal verzieht er sich dann in ein anderes Zimmer.

Geh auf eine Meta-Ebene
Staubsauger scheinen – aus welchem Grund auch immer – nicht willens, den Kühlschrank oder Esstisch zu besteigen. Nutze diese Tatsache zu deinem Vorteil und spring hoch.

Tauche ab
Wenn du nicht raufkannst, such dir einen ebenerdigen Schlupfwinkel, in den du dich quetschen kannst. Staubsauger bevorzugen weites, offenes Gelände und übersehen oft Ecken und entlegene Stellen unter dem Bett. Warnung: Diese Strategie sofort abbrechen, wenn Kleinsauggeräte im

Was ist dein Katastrophenszenario?

Staubsauger oder Türglocke?

Spiel sind. Es gibt Berichte von Katzen, die ein Kopf-bis-Fuß-Absaugen von solch schändlichen Apparaten erdulden mussten.

Wie du dich unsichtbar machst

Obwohl Katzen oft beschuldigt werden, ihren Menschen vor die Füße zu laufen, sind sie eigentlich Meister im Verschwinden, wenn es die Situation erfordert. (Zum Beispiel dann, wenn sich gerade ein Glas Wasser über den Computer ergossen hat.) Wir raten zur Harry-Potter-Methode. Leg dich bäuchlings auf den Boden und intoniere »evanesco, evanesco«. Die Menschen werden wie blind an dir vorübergehen.

Wie du eine Maus fängst

Für viele von uns hat das Haustierdasein ein Nachlassen unserer Jagdinstinkte zur Folge. Doch auch als kultivierte Katze musst du nicht darauf verzichten, einen Mäusekopf als Deko an die Wand zu tackern, wenn dir der Sinn danach steht. Für Katzen, deren Überleben nicht von der Jagd abhängt, hier eine kleine Auffrischung.

Alte Schule
1. *Observieren.* Beobachte das Gelände, auf dem du den Wohnsitz einer Maus vermutest, rund um die Uhr (Fütterung und Schlafenszeiten natürlich abgerechnet).

Wenn du über eine Videoüberwachungskamera verfügst – umso besser.

2. *Überraschung*. Übe dich in der Kunst der Stille. Übereile nichts, auch wenn die Maus erscheint. Erlaube der Maus, sich ein Stück von ihrem Mäuseloch zu entfernen.

3. *Ziel fixieren*. Es ist nicht notwendig, das Ziel nach dem Anvisieren mit dem ersten Hieb zu töten. Mäusejagd ist wie Fischen. In erster Linie willst du mit stolzgeschwellter Brust mit deiner Beute posieren. Dann wirfst du sie zurück und versuchst sie gleich noch mal zu fangen.

Neue Schule

Lass der Maus eine offizielle Einladung zum Abendessen zukommen und vergiss zu erwähnen, dass sie als Hauptgang serviert wird.

Wie du dich vor Medikamenten drückst

Die wichtigste Regel zum Thema Medikamente lautet: Du darfst sie auf keinen Fall schlucken. Was immer man dir einreden will – alles, was nicht nach Fisch, Huhn oder Hinterteil riecht, *kann* nicht gut für dich sein.

Der Bluff

Tu so, als würdest du die Pille schlucken, behalte sie unter der Zunge oder im Rachen und spucke sie gut sichtbar mitten im Flur aus, sobald deine Menschen dich losgelassen haben.

Der Erstickungsanfall

Viele Menschen haben zu Recht Angst davor, einer Katze
eine Pille zu verabreichen. Nutze diese Tatsache und gib
würgende, keuchende Geräusche von dir, die deinen Menschen befürchten lassen, du könntest ersticken. Das gibt
dir Zeit zu fliehen.

Die Wildkatze

Wecke die rohe, wilde Kraft deiner Vorfahren in dir. Vergiss
nicht: Wir haben früher mal Menschen gefressen.

Wie du es vermeidest, jemals für
irgendetwas bestraft zu werden

Du bist eine liebe Katze – meistens. Für den Fall, dass dein
Heiligenschein mal nicht ganz so hell leuchtet, solltest du
wissen, wie man anderen die Schuld zuschiebt.

Der Kulleraugenblick

Wenn du tief in der Tinte sitzt, greif zu illegalen Mitteln.
Reiß die Augen so weit wie möglich auf, kräusele die Nase
und schnurre. Neun von zehn Malen werden die Menschen
auf der Stelle vergessen, worüber sie so wütend waren.

Schieb's auf den Hund

Dieser Trick ist so simpel, dass er schon fast grausam ist. Lotse das Hündchen zu (nach Bedarf einfügen) der zerbrochenen Schüssel, dem umgestürzten Pflanzkübel, dem zerkauten Schuh, dem kaputten Computer und lade ihn zum Spielen ein. Wische alle verräterischen Pfotenabdrücke am Tatort mit dem Schwanz weg und setze dein »Ich bin über sein Verhalten genauso entsetzt wie ihr«-Gesicht auf, sobald dein Mensch den Raum betritt und sieht, wie Lumpi sich glücklich im Dreck wälzt.

Das Geheimnis

Alle Katzen kennen das Geheimnis des Lebens.

Aber wir verraten es nicht.

Ralf Schmitz
Schmitz' Katze
Hunde haben Herrchen, Katzen haben Personal
Band 17978

Manche Männer leben mit einer Frau zusammen – Ralf
Schmitz mit seiner Katze. Und das seit 23 Jahren! Dieses
eheähnliche Verhältnis wirft natürlich Fragen auf: Ist das
Zusammenleben mit einer Katze wirklich so anders als mit
einer Frau? Wer veralbert hier wen den ganzen Tag? Was
macht die Katze würgend im Schrank? Wie eifersüchtig ist die
Katze, und was hat sie ausgerechnet jetzt in Ralfs Bett zu
suchen?

»Schmitz' Katze« ist witzig, verblüffend und vor
allem – autobiographisch!

Fischer Taschenbuch Verlag

fi 17978 / 1

Ralf Schmitz
Schmitz' Mama
Andere haben Probleme, ich hab' Familie
Band 19110

Warum sagt Mama immer »Dingens«? Was hat Mama mit
Hannibal gemeinsam? Wie zum Teufel beendet man ein Tele-
fonat mit Mama? Ralf Schmitz geht für solche und ähnlich
knifflige Rätsel ungehemmt auf Lösungssuche. Und spätes-
tens, wenn er von Mamas schlimmsten Geschenken, unpas-
sendsten Umräumaktionen und gruseligsten Kochversuchen
erzählt, werden Sie sich fragen: Woher kennt Ralf Schmitz
eigentlich meine Mutter?!

Der beliebte Comedian bindet in seinem zweiten Bestseller
einen knallbunten Strauß aus Familienkatastrophen, die wir
alle nur zu gut kennen. Eine humorvolle Hommage an Mama
und die »bucklige« Verwandtschaft.

Fischer Taschenbuch Verlag

Katharina Ostmann (Hg.)
Hund, Katze, Maus!
Anthologie
Band 90090

Der Verstand unterscheidet den Menschen vom Tier, die
Fähigkeit zur Sprache. Nicht so in dieser Sammlung von
Fabeln, Erzählungen und Gedichten, in denen auch den
Tieren alles erlaubt ist. Der Fuchs, der listige Stratege, sorgt
mit Schmeicheleien am rechten Platz für sein Mittagessen.
Benachbarte Frösche kommen unter die Räder, weil sie ihren
Lebensstil nicht ändern wollen. Es kreucht und fleucht – und
die Moral von der Geschicht? Tiere sind auch nur Menschen.

Mit Texten von Jean de la Fontaine, Friedrich Schiller,
Wilhelm Busch und anderen.

Fischer Taschenbuch Verlag

Versprechen muss man halten ...

Luis Sepúlveda
Wie Kater Zorbas der kleinen Möwe das Fliegen beibrachte
141 Seiten. Geb.
Band 85021

»Versprich mir, nicht das Ei aufzufressen«, krächzte die Möwe und schlug die Augen auf. »Ich verspreche dir, nicht das Ei aufzufressen«, miaute Zorbas.
»Versprich mir, es zu hüten, bis das Küken ausschlüpft«, krächzte die Möwe und hob ihren Kopf. »Ich verspreche dir, es zu hüten, bis das Küken ausschlüpft«, miaute Zorbas.
»Und versprich mir, ihm das Fliegen beizubringen«, krächzte der Vogel und blickte dem Kater fest in die Augen. Da dachte Zorbas, dieser Unglücksvogel spreche nicht nur im Fieber, sondern sei auch noch komplett verrückt geworden.
»Ich verspreche dir, ihm das Fliegen beizubringen. Und jetzt ruh dich aus, ich hole schnell Hilfe«, miaute Zorbas und sprang mit einem Satz auf das Dach.

Fischer Schatzinsel